DEVELOPPEZ VOTRE POUVOIR

par l'analyse transactionnelle

Collection Hommes et Techniques

Charles Vincent

DEVELOPPEZ VOTRE POUVOIR

par l'analyse transactionnelle

LES ÉDITIONS D'ORGANISATION
26, avenue Emile-Zola, 75015 - Paris

AUX ÉDITIONS D'ORGANISATION

Alain CARDON
L'analyse transactionnelle : *outil de communication et d'évolution*

Alain CARDON
Le manager et son équipe. *Analyse transactionnelle et école de Salto Alto*

Raymond CHAPPUIS et Jean PAULHAC
Y a-t-il quelqu'un qui commande ici ?

Raymond CHAPPUIS et Jean PAULHAC
Les relations d'autorité

Catherine CUDICIO
Comprendre la PNL. *La programmation neurolinguistique, outil de communication*

Catherine CUDICIO
Maîtriser l'art de la PNL

Guy DELAIRE
Commander ou motiver ?

Thomas DEVERS
Communiquer autrement. *Expression non verbale, attitudes et comportements*

Natasha JOSEFOWITZ
Vous voilà cadre ! *Guide pour diriger vos subordonnés*

Gérard LAYOLE
Dénouer les conflits professionnels. *L'intervention paradoxale*

Pierre LEBEL
L'art de la négociation

Hélène TROCMÉ-FABRE
J'apprends, donc je suis

Linda V. WILLIAMS
Deux cerveaux pour apprendre : le droit et le gauche

ISBN : 2-7081 0891-3

SOMMAIRE

Pages

DEUXIÈME PARTIE
DÉVELOPPEZ VOTRE POUVOIR DANS LES RELATIONS PROFESSIONNELLES

TROISIÈME PARTIE
DÉVELOPPEZ VOTRE POUVOIR DANS LES SITUATIONS QUOTIDIENNES

QUATRIÈME PARTIE
VERS UNE VISION PLUS JUSTE DE *VOS* POUVOIRS

REMERCIEMENTS

Je tiens à remercier tout d'abord Bénédicte Gautier et Jean-Louis Muller. La première pour m'avoir stimulé sur le plan des idées, le second pour m'avoir donné l'envie d'écrire cet ouvrage.

Mes remerciements s'adressent également à Marie-Claude Dejeux et Marie-Claude Gérard qui ont eu la patience de relire l'ouvrage et d'y apporter les dernières retouches.

Mes compliments vont enfin à Claude Arraez, Evelyne Filippini et Annick Houssat-Salle pour leur travail de mise en forme et la patience qu'elles ont su manifester.

INTRODUCTION

Il est 11 heures du matin et j'anime un séminaire chez l'un de mes clients. Un participant présente un cas pratique de réorganisation du service comptabilité auquel il appartient.

Il conclut son exposé par la remarque suivante :

« Que voulez-vous que je fasse en tant qu'agent de maîtrise ? Si au moins j'étais cadre, là, ça serait différent... ! »

Implicitement, cette remarque exprimait deux idées complémentaires :

- la première qu'il existe deux univers distincts : celui des cadres qui ont le Pouvoir et celui des agents de maîtrise réduits aux rôles de comparses et super-agents d'exécution.
- la seconde est que de ce fait, il ne se reconnaissait pas le pouvoir d'agir sur les événements et d'en modifier le cours.

Le cas qu'il proposait lui semblait donc sans issue et lui même se considérait comme prisonnier d'une situation bloquée. Cet exemple est loin d'être isolé, bien au contraire.

Certains managers ne perçoivent pas ce que l'on attend d'eux et, par là même, s'autolimitent ou s'autocensurent dans leur propre capacité d'influence et d'initiative.

Les autres décrètent « ne pas avoir de pouvoir », ce qui les dédouane de toute forme d'engagement.

Enfin, il nous semble qu'un certain nombre de cadres et d'agents de maîtrise éprouvent un sentiment général d'impuissance qui les « programme » négativement dans leurs relations professionnelles et personnelles.

Sur le plan de l'organisation, les effets de ces attitudes sont dommageables. Les principaux coûts à payer peuvent se résumer par :

– un phénomène de déqualification en cascade : tel responsable de division joue en fait le rôle de ses chefs de service, qui eux-mêmes exercent des responsabilités de cadres opérationnels, qui se substituent en partie à leur maîtrise...

– liés au premier phénomène, nous observons des processus de court-circuitage : ainsi le responsable de division intervient directement auprès des cadres opérationnels.

– une baisse du moral chez les collaborateurs.

– une réduction de la prise de risques et de la prise d'initiatives.

Dans ce cas, le manager trouve refuge dans les procédures et règlements pour ne pas faire ou expliquer qu'il ne peut pas faire !

Les organisations au sens large ont, bien sûr, une part de responsabilité dans cet état de choses.

L'absence de définitions de fonctions, des procédures de décision floues, des systèmes d'évaluation inopérants ou encore une stratégie d'entreprise non explicitée illustrent cette idée.

Pour nous, ils contribuent plus à renforcer les attitudes de dévalorisation qu'à les expliquer à eux seuls.

Ce qui retient notre attention est que, même quand la plupart des conditions organisationnelles sont réunies et devraient en toute logique conduire à l'efficacité, ce n'est pas systématiquement le cas.

Le management constitue, il est vrai, un exercice difficile à maîtriser et à mettre en œuvre. De ce point de vue, l'attitude qui consiste à ne pas se reconnaître de pouvoir présente l'avantage pour l'intéressé de ne pas avoir à l'exercer ; c'est ce que nous appellerons une « méconnaissance ».

Ce livre a pour objectif de mettre à plat les méconnaissances, c'est-à-dire toutes les attitudes qui visent à surestimer, et plus généralement à sous-estimer ses pouvoirs réels et à développer des comportements irréalistes.

Cet ouvrage se veut pratique. C'est pourquoi nous consacrerons la plus grande partie de l'ouvrage à l'étude systématique de relations et de situations professionnelles concrètes. Les exemples présentés sont tirés de notre expérience professionnelle, acquise dans le cadre de séminaires et interventions menés en entreprise.

Nous nous adressons donc à l'ensemble des managers de toute organisation, sans distinction de statut, de niveau hiérarchique ou de spécialité fonctionnelle.

Une lecture rapide des ouvrages existants qui traitent du pouvoir dans les organisations fait apparaître les tendances suivantes :

– les auteurs privilégient les dimensions d'organisation et de stratégies d'entreprises ;

– quand il est question des acteurs, les ouvrages se centrent sur le pouvoir des dirigeants et des managers ;

– le terme de pouvoir tend à disparaître lorsqu'on parle des niveaux hiérarchiques intermédiaires, au profit des expressions plus neutres de rôle ou de fonction ;

– enfin, il existe de nombreux livres, inspirés du courant dit « des relations humaines », qui développent des thèmes comme l'écoute active ou des schémas participatifs. Ces ouvrages – même involontairement – accréditent l'idée que les relations entre personnes au sein des entreprises sont dénuées d'enjeux et d'intérêts.

Beaucoup de managers en ont déduit que la forme importait plus que le fond. Or, l'une et l'autre ont leur importance.

Nous estimons que le pouvoir est une chose saine comme il est sain de chercher à l'assumer de façon réaliste (en tenant compte des limites de sa fonction et de la reconnaissance sociale venant des autres).

Encore faut-il s'entendre sur une signification du terme pouvoir, dépassant la conception taylorienne de l'autorité (celle-ci distingue les concepteurs et les exécutants).

Les formes du pouvoir sont multiples : elles consistent, entre autres, à proposer des solutions, informer, évaluer des performances, négocier...

Toute situation renferme une part d'incertitude qui détermine les enjeux et fixe les pouvoirs relatifs de chacun. Le pouvoir se prend et se joue dans ces zones d'incertitude. Les situations ne sont jamais figées et chacun d'entre nous dispose d'une marge de manœuvre qui lui permet d'influer ou d'être influencé par ses interlocuteurs.

C'est pourquoi notre point de vue se fonde sur trois postulats :

– Si notre pouvoir découle de notre place au sein des organisations et de notre statut, il trouve également son origine dans les relations entre les personnes.

Le pouvoir se situe dans nos relations et dans notre capacité à développer celles-ci.

La division technique et sociale du travail a crée des relations d'interdépendance fortes, d'une part entre les individus, d'autre part entre les services.

L'efficacité individuelle et collective se trouve alors fondée sur un ensemble de situations de négociations quotidiennes, provisoires et souvent peu prévisibles.

Le pouvoir est relation et capacité à gérer efficacement ses relations.

– Le pouvoir n'est pas singulier mais pluriel. Il n'est pas non plus la propriété ou l'apanage d'un petit nombre d'individus.

Les entreprises représentent un écheveau de compétences, de relations et de savoir-faire complexes au sein desquels tous les acteurs ont un rôle à jouer.

Des ajustements incessants s'effectuent, non seulement entre les personnes, mais également entre les groupes sous la forme de négociations.

Chaque niveau hiérarchique détient des formes de pouvoir à laquelle est attachée une incertitude plus ou moins grande à gérer.

Le pouvoir d'un manager est alors autant celui qui lui est reconnu de par son statut que celui qu'il s'autorise à assumer et que légitime son environnement professionnel immédiat.

Le pouvoir est pour partie celui que je m'autorise à assumer.

– Une tendance profonde de l'individu est, tout en se fixant des objectifs et des principes d'action, de mettre en œuvre, de façon consciente ou inconsciente, des attitudes qui visent à ne pas atteindre ces objectifs ou à respecter ces principes. Ces attitudes s'appellent des MECONNAISSANCES.

Elles s'expriment au travers de comportements de passivité, de comportements irréalistes et de sabotage.

Les méconnaissances visent à réduire notre pouvoir d'influence sur les autres et notre capacité d'action.

L'ouvrage s'organise de la façon suivante :

• La première partie décrit six comportements de fuite professionnelle. Pour chacun d'eux nous suggérons des options efficaces.

Nous apportons ensuite un éclairage théorique, grâce à l'outil « méconnaissances » défini par l'analyse transactionnelle.

Notre approche est exclusivement psychologique. Cette partie débouche sur une première définition des rôles du manager.

• Les deuxième et troisième parties sont consacrées à l'étude de situations et relations quotidiennes rencontrées par les managers.

Pour chacune d'elles nous avons choisi de suivre le même plan. Nous resituons le problème dans le contexte actuel, en précisant les enjeux qui s'y rattachent. Puis nous décrivons les principales formes de méconnaissances. Enfin, nous suggérons des moyens concrets et pratiques pour améliorer l'efficacité personnelle.

Chaque chapitre se termine par une liste de questions clés pour lesquelles il n'existe pas de bonnes ou de mauvaises réponses.

Ces questions répondent à un double objectif :

– permettre au lecteur de se centrer sur les aspects essentiels du point abordé.

Elles jouent en quelque sorte le rôle de résumé.

– offrir au lecteur la possibilité de faire un bilan sur sa propre manière de concevoir cet aspect ou d'agir dans les situations évoquées.

Nous avons choisi de faire figurer à la fin de chaque chapitre une bibliographie correspondant au thème évoqué.

• La quatrième partie traite des méconnaissances appliquées aux rapports d'influence et de pouvoir.

Elle met en évidence les différentes représentations du pouvoir que nous entretenons.

L'approche est davantage psycho-sociologique.

En adoptant une double perspective, nous avons cherché à éviter les tendances réductionnistes qui consistent à tout analyser en termes de mécanismes individuels ou à tout expliquer par des déterminants sociaux ou organisationnels.

Les deux approches interagissent en permanence.

Nous concluons enfin par une seconde définition des rôles du manager qui reprend et actualise la première.

Nous vous invitons à présent à voyager dans l'univers des méconnaissances et à développer votre pouvoir.

PREMIERE PARTIE

L'ANALYSE TRANSACTIONNELLE DANS LES RELATIONS DE POUVOIR

Chapitre I

Les comportements de fuite

Nous vous proposons une galerie de six portraits [1] qui représentent autant de manières de ne pas assumer ses rôles de manager. Inspiré par notre pratique professionnelle, chaque portrait isole et caricature un comportement inefficace.

Systématiquement nous définirons les principes d'action et brosserons le portrait du manager. Puis nous résumerons dans un tableau les risques correspondants et les options efficaces pour s'en sortir.

LA FUITE DANS L'EXPERTISE, OU LE « MANAGER AUX ABONNES ABSENTS »

PRINCIPES D'ACTIONS

Pour ce profil de manager, deux principes d'action guident sa vie professionnelle :

– faire mieux techniquement que ses collaborateurs,
– en savoir plus que ses collaborateurs.

(1) Par souci de clarté, nous avons opté pour cette forme de présentation. Pour nous, le comportement des acteurs n'est en aucun cas réductible à de simples traits de personnalité. Le contexte exerce également une influence déterminante.

PORTRAIT DU MANAGER EXPERT (voir figure 1.1)

Bernard est responsable d'une gamme de produits dans une entreprise fabriquant des semi-conducteurs. Il dirige une équipe de cinq ingénieurs et de cinq techniciens.

Il a pleinement conscience qu'il travaille sur des projets qui ne verront le jour que dans trois ans.

Il sait également que les produits vendus aujourd'hui seront obsolètes dans un ou deux ans.

Il s'investit donc totalement dans l'amélioration de la gamme existante et dans la définition de nouveaux créneaux techniques.

Bernard est à ce point passionné par son sujet qu'il lui arrive régulièrement d'emporter du travail à la maison le week-end.

Ingénieur en électronique de formation, il a toujours cherché à actualiser ses connaissances. Aussi est-il souvent en déplacement pour suivre des formations de mise à niveau.

En fait, il avoue n'avoir guère le temps de se consacrer à ses collaborateurs. Il en parle avec regrets. Il a confié cette tâche à l'un d'eux, qui apparemment s'en tire fort bien.

MANAGER EXPERT	
RISQUES	OPTIONS EFFICACES
• Ce comportement représente un modèle pour les collaborateurs.	• Admettre de ne pas tout savoir.
• Risque de concurrence avec les collaborateurs.	• Se définir des rôles distincts de ceux de ses collaborateurs.
• Le service produit de l'« activité » et non des « résultats ».	• Faire utile plutôt que se faire plaisir.
• Absence de procédures.	• Fixer des objectifs réalistes à ses collaborateurs.
• Les processus d'analyse l'emportent sur les processus de décision.	• Chercher à faire faire au lieu de faire.
• Les collaborateurs traitent avec le n + 2.	
• Faible perception des aspects sociaux et humains.	

Fig. 1.1 : **Risques et options pour le manager expert**

Son équipe a la réputation d'avoir beaucoup d'idées, mais d'être peu respectueuse des procédures.

Chacun travaille en fait de façon isolée.

Il vient de recruter un nouvel ingénieur qu'il a choisi en raison de son esprit inventif et qui lui semble promis à un bel avenir. Il apprécie beaucoup d'échanger avec lui sur les projets en cours.

Lors des réunions préparatoires au lancement d'un nouveau produit, Bernard consacre les trois quarts du temps à expliquer les raisons de ses principaux choix techniques. Il reste alors très peu de temps pour étudier les relations avec les clients actuels et contrôler le respect des engagements pris.

Le responsable de production est en désaccord avec Bernard sur sa conception du travail. Il lui reproche en particulier de ne pas respecter les délais prévus initialement et de ne pas prendre en charge l'amélioration des produits existants.

LA FUITE DANS L'AUTORITE, OU LE « MANAGER AVEUGLE »

PRINCIPES D'ACTION

Deux principes directeurs déterminent la ligne de conduite de ce type de manager :

- s'affirmer comme le seul maître à bord,
- se fier à son seul point de vue (et donc être critique par rapport aux autres).

PORTRAIT DU MANAGER AVEUGLE (voir figure 1.2)

René est chef de rayon dans une société de distribution.

Il a appris à se méfier des autres et à être critique par rapport aux situations.

Il surveille de très près les différents secteurs de son activité : gestion des produits, commercial et gestion du personnel.

Il a formé lui-même ses collaborateurs. Ceux qui ont exprimé leurs désaccords sur la façon de travailler ne sont plus là aujourd'hui.

L'entreprise est pour lui une armée engagée dans une guerre économique. Aussi tous doivent partager la même conception du travail.

René arrive régulièrement une heure avant ses collaborateurs et repart bien après eux. Pour lui, son comportement a valeur d'exemple et il doit faire la preuve de son opiniâtreté et de sa résistance au travail.

Il distingue nettement deux catégories de personnes : ceux qui pensent et ceux qui exécutent. Et ne se prive pas de le faire remarquer.

Il délègue peu aux membres de son équipe. Quand il est contraint de le faire, il procède à un contrôle très tâtillon. L'expérience lui a prouvé que lorsque ses collaborateurs font des erreurs, ils ne s'en vantent pas, ce qui renforce sa méfiance à leur égard.

Il n'admet pas la contradiction et s'arroge à lui seul le droit de formuler des critiques.

Il ne supporte pas que les membres de son équipe puissent avoir des états d'âmes.

Quant à la formation, il s'en méfie et estime que la meilleure formation est l'apprentissage sur le tas.

MANAGER AUTORITAIRE OU AVEUGLE	
RISQUES	OPTIONS EFFICACES
• Faible engagement de la part de ses collaborateurs.	• Faire confiance de façon réaliste.
• Niveau de stress élevé chez le supérieur hiérarchique.	• Déléguer en précisant l'objectif et le mode de contrôle.
• Niveau de conflits faibles avec risques d'explosion.	• Se reconnaître des qualités et reconnaître aux autres des qualités.
• Le supérieur hiérarchique ne peut être remplacé même momentanément.	• Admettre le droit à la différence.
• Absentéisme important.	• Instituer le droit à l'erreur.
	• Considérer la confrontation comme une chose positive.

Fig. 1.2 : **Risques et options pour le manager aveugle**

LA FUITE DANS LA COMPLICITE, OU LE « MANAGER AMI ET CONFIDENT »

PRINCIPES D'ACTION

Les attitudes du « manager complice » se structurent autour de trois points clés :

– la peur du conflit,
– l'« idéal démocratique »,
– le souci de faire plaisir.

La peur du conflit est un déterminant profond de ce type d'attitude. Le manager redoute d'être confronté à un conflit, avec les conséquences pratiques à gérer. Il préfère d'ailleurs parler de désaccord.

Il met tout en œuvre pour gommer les différences et les particularités de ses collaborateurs. Son « idéal démocratique » consiste à traiter tout son entourage de façon uniforme.

Enfin, il a le souci constant de faire plaisir au plus grand nombre et de susciter la sympathie.

PORTRAIT DU MANAGER AMI ET CONFIDENT (voir figure 1.3).

MANAGER AMI ET CONFIDENT	
RISQUES	OPTIONS EFFICACES
• Faible crédibilité car faible distance sociale. • Difficultés à mobiliser les énergies en cas de changement. • Les collaborateurs se montrent peu ambitieux. • Les collaborateurs n'acceptent pas d'être évalués. • Les conflits sont éliminés et resurgissent sous une autre forme.	• Se définir et définir aux autres des droits et des devoirs. • Rechercher l'efficacité et non pas le respect ou l'estime des autres. • Admettre que le conflit est normal et qu'il doit être traité. • Complimenter ceux qui réussissent. • Exprimer son jugement sur les performances de ceux qui échouent. • Responsabiliser individuellement ses collaborateurs.

Fig. 1.3 : **Risques et options pour le manager confident**

Jean-Marc dirige un service étude et développement dans le domaine informatique.

Les réunions d'information qu'il anime présentent un aspect très convivial. Personne n'y joue vraiment le rôle d'animateur.

Il éprouve les pires difficultés à faire passer le message et se rend compte qu'il ne dispose pas d'un crédit important auprès de ses collaborateurs. Son souci de satisfaire tout le monde et de faire l'unanimité se retourne assez régulièrement contre lui.

LA FUITE DANS LA PERFECTION, OU LE « MANAGER ARTISTE »

PRINCIPES D'ACTION

La culture d'entreprise française est encore riche de ce type de personnage. Sa pratique professionnelle tient compte de deux notions :

- se faire plaisir,
- analyser les situations, les problèmes (plutôt que résoudre les problèmes).

PORTRAIT DU MANAGER ARTISTE (voir figure 1.4)

Albert a été autrefois un étudiant fort brillant, il est sorti premier d'une grande école d'ingénieurs. Après quoi il a décidé d'entreprendre une formation complémentaire aux USA, plus orientée vers les affaires et le marketing.

Son premier emploi s'est avéré une expérience douloureuse. Soucieux d'aller au fond des choses, il a ressenti un fort sentiment de frustration en constatant que la vie de l'entreprise obligeait à des choix incessants sans garantie de leur justesse.

Il a dû finalement quitter son premier employeur : celui-ci a prétexté son manque de résultats pour le congédier. De son côté, Albert ne comprenait pas que certaines décisions stratégiques pour l'entreprise soient prises avec autant de rapidité.

Il commande à présent un groupe de quinze personnes et se trouve à la tête d'un service qualité.

Pour lui la qualité est l'affaire de tous et de tous les instants ; tout doit être mis en œuvre pour arriver au niveau des principaux concurrents et même faire mieux qu'eux.

Les améliorations sensibles qu'il a apportées aux produits ont provoqué des perturbations au niveau de la fabrication et des prix. Le service commercial lui reproche de ne pas avoir su définir le niveau de qualité utile et de ne pas avoir su trouver les compromis réalistes et judicieux...

Albert ne comprend plus...

MANAGER - ARTISTE	
RISQUES	OPTIONS EFFICACES
• Non respect des délais. • Attache trop d'importance aux détails des relations et des situations. • Difficulté à fonctionner à partir d'objectifs. • Le service fonctionne comme un système fermé (et échappe à la pression de l'environnement).	• Privilégier les résultats à un fort degré de sophistication. • Recenser les différentes contraintes (cahier des charges, délais, commercial, etc.) et en tenir compte. • Se fixer des critères et des délais de réussite.

Fig. 1.4 : **Risques et options pour le manager artiste**

LA FUITE DANS L'ACTION, OU LE « MANAGER AGITE »

PRINCIPES D'ACTION

Sa vie professionnelle repose sur la priorité donnée aux notions suivantes :

– confondre efficacité et vitesse,
– valoriser à l'excès la compétition.

PORTRAIT DU MANAGER AGITE (voir figure 1.5)

Henri est responsable du service production et entretien d'une entreprise fabriquant des équipements destinés à l'industrie automobile.

Voilà quinze ans qu'il a débuté dans cette entreprise, dans l'atelier usinage, son BTS de mécanique en poche. Après être passé par tous les postes, il a été muté à l'atelier montage, puis au service contrôle.

Sa bonne connaissance de la maintenance et des études poursuivies dans le cadre de cours du soir lui ont permis d'accéder en sept ans au poste qu'il occupe actuellement. Il reconnaît lui-même avoir effectué un parcours du combattant.

L'action est pour lui la valeur de référence. Il lui arrive régulièrement de venir travailler le samedi matin. A midi, il avale rapidement un sandwich afin de pouvoir traiter les quelques dossiers en retard.

Il n'a que peu de temps à accorder à ses chefs d'atelier et ingénieurs.

Lorsqu'il part en vacances, il laisse bien évidemment ses coordonnées et téléphone régulièrement pour faire le point. Cette habitude vient du fait que plusieurs fois en son absence, des erreurs importantes ont été faites avec des clients.

Il est souvent obligé de ralentir les projets qu'il a lancés car ses collaborateurs directs n'arrivent pas à le suivre. Régulièrement, il fait appel à des organismes de formation pour « vendre » ses idées.

Dernièrement, il a voulu sensibiliser sa hiérarchie à la notion de qualité. Celle-ci a exprimé son accord sur le plan des idées, mais rien n'à changé dans les faits...

MANAGER AGITE	
RISQUES	OPTIONS EFFICACES
• Soulève les résistances en cherchant à trop convaincre.	• Se doter de méthodes de travail.
• Etablit des relations de dépendance forte avec ses collaborateurs..	• Procéder par étapes.
• Se reprend à deux fois pour faire un travail.	• Savoit dire non aux sollicitations extérieures.
	• Se donner des objectifs réalistes et non des défis illusoires.

Fig. 1.5 : **Risques et options pour le manager agité**

Henri se rend compte à présent qu'il n'a pas su organiser le suivi de cette opération, encore une fois faute de temps.

Dans l'usine il a acquis la réputation « d'un fonceur qui est difficile à toucher ».

Face aux difficultés, Henri se dit que c'est temporaire et que son enthousiasme lui permettra de surmonter ce cap difficile, mais d'autres difficultés se profilent déjà à l'horizon...

LA FUITE DANS LES MODELES, OU LE « MANAGER UTOPIQUE »

PRINCIPES D'ACTION

Ce type de manager se trouve régulièrement confronté aux contraintes de la réalité. Trois principes d'action guident sa conduite :

– préférer les schémas théoriques et les modèles aux faits ;
– rechercher des solutions définitives et uniques et non des options contingentes ;
– préférer la rigueur morale et intellectuelle à l'efficacité concrète.

PORTRAIT DU MANAGER UTOPIQUE (voir figure 1.6)

Alain travaille dans un laboratoire de recherche où il supervise les travaux d'une dizaine de chercheurs. Lui-même a été chercheur avant de diriger les recherches des autres.

Son choix de la recherche va de pair avec une grande rigueur morale et intellectuelle.

Il pense que la vie a un sens et aime partager sa vision existentielle avec les autres. Il a souvent recours à des modèles abstraits et sophistiqués pour expliquer les choses de la vie quotidienne. Quand ceux-ci s'avèrent non satisfaisants, il préfère y adapter la réalité.

Les objectifs de recherche qu'il a fixés à ses collaborateurs ne semblent pas déboucher sur des résultats tangibles. Aussi a-t-il décidé de leur donner des objectifs encore plus ambitieux et de demander des crédits supplémentaires.

Sa propension à la sophistication le pousse à rechercher des solutions définitives et uniques.

Il n'a guère le sens de la stratégie et répugne à vendre ses idées. Il considère que c'est plutôt aux autres de s'ajuster à sa pensée.

Récemment, l'un de ses amis lui a posé la question suivante : « Tu encadres des chercheurs ou des trouveurs ? » Il a réagi avec véhémence, en précisant que la recherche procédait souvent d'objectifs en apparence abstraits pour déboucher sur des progrès significatifs.

MANAGER - UTOPIQUE	
RISQUES	OPTIONS EFFICACES
• Ecarts importants entre les résultats escomptés et les résultats obtenus. • Insatisfaction des collaborateurs car les principes proclamés ne sont pas appliqués. • Beaucoup de temps et d'énergie consacrés à expliquer les écarts (quelquefois sous la forme d'écarts !).	• Tenir compte des contraintes imposées. • Préférer l'action à la réflexion (avec le risque de faire des erreurs).

Fig. 1.6 : **Risques et options pour le manager utopique**

Après la présentation de ces différents profils de manager, nous allons dégager les aspects communs aux comportements de fuite.

ASPECTS COMMUNS AUX COMPORTEMENTS DE FUITE

Nous structurons nos schémas d'action en fonction de la perception que nous avons de notre environnement immédiat. Cette perception n'est pas un acte gratuit. Elle résulte de nos conditionnements et des expériences effectuées antérieurement.

Tout manager organise donc son univers à partir des hypothèses et des prémisses qui lui semblent pertinentes (l'expertise, l'autorité, la complicité, l'action, la réflexion, l'utopie).

Ainsi le « manager expert » aura tendance à se focaliser sur les sujets à caractère technique au détriment des questions relevant de l'organisation du travail ou de la motivation de ses collaborateurs.

Toutes ces attitudes procèdent d'une mauvaise appréhension des contraintes et exigences de la réalité professionnelle et des rôles que nous devons y jouer. En ce sens, elles constituent des méconnaissances.

Il est peu vraisemblable que le manager se complaise de façon durable dans ce mode de fonctionnement s'il n'y trouve pas un minimum de bénéfices.

Nous distinguerons deux formes de bénéfices :

– Le premier bénéfice consiste à réduire *l'incertitude* inhérente au rôle de manager, même si ces différents personnages empruntent des voies différentes.

Le « manager expert » trouve dans la simplification des schémas rationnels et binaires, une solution aux difficultés de gérer le caractère imprévisible des relations entre personnes.

Le « manager autoritaire » réduit sa vision du monde, et donc les efforts d'ajustement à faire par rapport aux autres, en centralisant les prises de décision.

Le « manager complice » évacue l'incertitude en organisant ses transactions sur la base du principe d'égalité.

Le « manager agité », en optant pour un activisme effréné, transforme la nécessité d'être stratège en nécessité de « faire plus », de « faire mieux » et surtout de « faire plus vite ».

Le « manager perfectionniste » opte pour les détails et l'analyse afin d'échapper aux contraintes quotidiennes des relations et des situations.

Enfin, le « manager utopique » préfère la certitude de ses modèles à la banalité de la réalité.

– Le second bénéfice se réalise par le fait que le manager se dédouane des responsabilités humaines et sociales qui sont les siennes.

Il trouve ainsi des alibis pour justifier son absence de résultats : le faible niveau de motivation de ses collaborateurs, l'organisation défaillante, l'histoire de l'entreprise, le manque de moyens humains ou matériels, la pression de la concurrence...

Tous ces managers effectuent chacun à leur manière un déni de la règle de co-responsabilité vis-à-vis de leurs collaborateurs.

Dans le cadre de nos interventions en entreprise, nous utilisons fréquemment un certain nombre d'outils dérivés de l'analyse transactionnelle. Celle-ci se définit comme une méthode permettant de comprendre et d'améliorer les communications.

Dans le cadre de cet ouvrage, elle apporte un éclairage nouveau sur les comportements irréalistes, les différents degrés et formes d'irréalisme. Elle offre également à chacun des options pour sortir de ses impasses individuelles.

Chapitre II

Le regard de l'analyse transactionnelle : les méconnaissances

DEFINITION DES MECONNAISSANCES

Il nous arrive à tous de nous lancer dans des missions impossibles et d'essuyer de cuisants revers.

Le contraire se produit également : nous sommes circonspects et vélléitaires à l'idée de nous engager dans des changements et nous nous estimons peu capables de les mener à bien.

Dans les deux cas ces comportements proviennent d'une mauvaise appréciation de la réalité.

S'exprime alors notre tendance à exagérer la difficulté ou minimiser nos capacités.

Les méconnaissances se définissent comme des attitudes qui consistent à dévaloriser ou survaloriser les événements, ainsi que ses possibilités d'action. Elles correspondent à un mécanisme interne qui s'actualise au travers de comportements irréalistes appelés passivité [1].

L'une des conséquences pratiques des méconnaissances est de fournir des réponses inappropriées aux caractéristiques d'une situation.

---

(1) L'analyse transactionnelle définit également les méconnaissances comme conséquences de relations symbiotiques non résolues et comme la manifestation fonctionnelle d'une contamination et d'une exclusion des Etats du Moi Parent et Enfant. Nous avons voulu donner ici la définition la plus simple possible.

Pour plus de détails, le lecteur peut se reporter à la bibliographie figurant en fin de première partie.

Afin d'illustrer notre propos, voici quelques phrases reflétant de méconnaissances accompagnées de leur traduction en termes d'incapacité :

– « Vous voyez des difficultés partout ! »
(sous-entendu : je me refuse à reconnaître l'existence du problème) ;

– « tout le monde connaît ce problème et personne n'a jamais rien pu y faire, alors moi vous savez ! »
(sous-entendu je suis incapable de reconnaître l'existence d'options et de reconnaître mon aptitude à les mettre en œuvre) ;

– « j'ai décidé de faire cela, mais je ne sais vraiment pas si c'est la meilleure solution ! »
(sous-entendu je suis incapable de juger de la fiabilité des options) ;

– « comment puis-je atteindre cet objectif ? »
(sous-entendu je suis incapable de reconnaître mon aptitude personnelle à résoudre ce problème) ;

– « cette situation est complètement inextricable. On a trop longtemps laissé aller. Que voulez-vous que l'on fasse ? »
(sous-entendu je n'ai pas l'aptitude d'agir ou d'influer sur le cours des événements).

Ces quelques exemples de méconnaissances offrent un certain nombre de similitudes extérieures :

– Les managers ne se positionnent plus comme acteurs, ils ont tendance à substituer le « on » au « je » ;

– ils ne sont plus propriétaires de leurs difficultés et rejettent sur les autres ce qu'ils n'arrivent pas à faire eux-mêmes ;

– ils s'efforcent d'échapper aux réalités présentes en arguant de différents alibis (valorisation des difficultés, manque de moyens...) ;

– ils refusent la confrontation avec d'autres personnes. S'ils en acceptent le principe, ils se dérobent grâce à des réponses du type « oui, mais... ») ;

– ils ont recours à un vocabulaire déclaratif et circonspect : « il faudrait dans la mesure du possible... », « je vais essayer... » ;

– enfin, ils s'expriment fréquemment par le biais de questions ou d'affirmations logiques.

Ils en viennent ainsi à décrire avec beaucoup de minutie le problème à résoudre et s'interrogent sur les mille et un détails qui permettent de mieux cerner les difficultés...

Le manager qui développe des méconnaissances met en œuvre — de façon consciente ou inconsciente — un mécanisme interne :

il ne se reconnaît pas le droit.

Cette non-reconnaissance de ses aptitudes et possibilités d'action se répercute à trois niveaux illustrés par la figure 2.1 :

— le niveau des normes et des valeurs,
— le niveau des penseés,
— le niveau des sentiments.

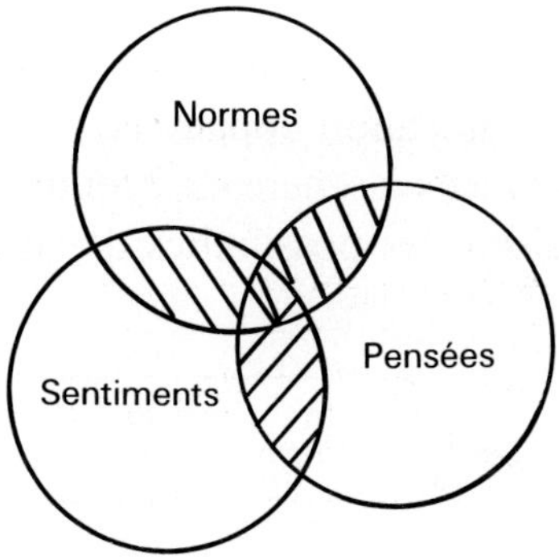

Fig. 2.1 : **Les zones de non reconnaissance**

Des zones hachurées traduisent les différentes formes de non reconnaissance.

Au niveau des normes et des valeurs, le manager s'autolimite de la façon suivante :

— « de quel droit puis-je juger mes collaborateurs ? »
— « pourquoi développer mes compétences professionnelles et me faire remarquer ? »
— « ai-je le droit d'affirmer en public mes qualités personnelles ? »

Au niveau des pensées et des réflexions, ses réserves se traduisent par des propos tels que :

– « jusqu'où puis-je aller dans mes initiatives ? »
– « à quoi bon faire cette proposition ? »
– « mieux vaut en référer systématiquement plutôt que décider seul » (pour les décisions qui relèvent de son niveau de responsabilités).

Au niveau des sentiments, la personne s'interdit de les exprimer directement et spontanément.

L'authenticité des attitudes fait place à un personnage acceptable socialement :

– « nous ne sommes pas en entreprise pour nous répandre en sentiments et en états d'âme ».
– « mieux vaut la prudence et le sérieux que la spontanéité ! ».

Les méconnaissances provoquent ainsi des blocages et font adopter des systèmes de communication appauvris.

Nous résumons grâce au schéma 2.2 toutes les formes de limitations qui entravent et réduisent les possibilités d'action professionnelle.

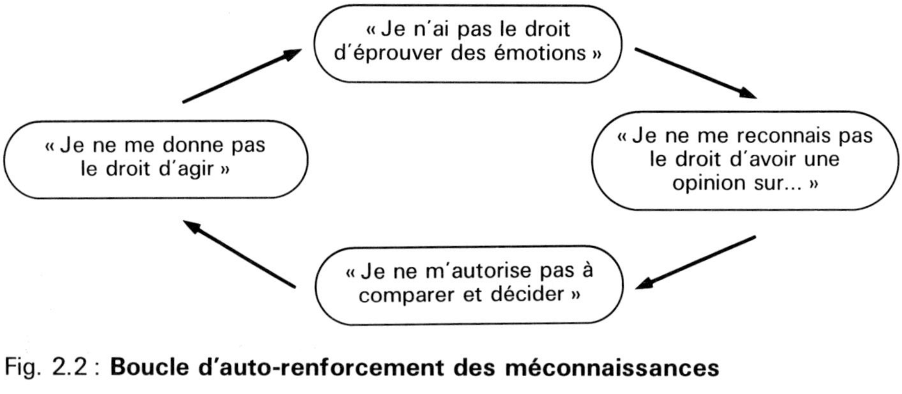

Fig. 2.2 : **Boucle d'auto-renforcement des méconnaissances**

Les méconnaissances présentent la particularité de nous enfermer dans des boucles de renforcement.

Ces schémas circulaires fonctionnent alors sur eux-mêmes et interdisent au manager de développer des comportements efficaces.

A QUOI S'APPLIQUENT LES MECONNAISSANCES

DOMAINES DE MECONNAISSANCE (figure 2.3)

L'irréalisme se manifeste dans trois domaines encore appelés zones de méconnaissances :

— la première concerne tout ce qui relève de soi, c'est-à-dire la représentation de notre pouvoir et l'idée que nous nous faisons de nos capacités à intervenir et infléchir le cours des événements.

— la seconde relève des autres et des relations que nous entretenons avec eux.

Elle fait intervenir notre capacité d'influence et notre capacité à être influencé.

— la troisième touche aux situations et à leurs enjeux.

Elle s'exprime au travers de :

- la connaissance de nos moyens d'action
- de la sélection des moyens appropriés pour agir
- du choix opportun du moment d'intervention.

Elle s'applique principalement à la résolution des problèmes quotidiens.

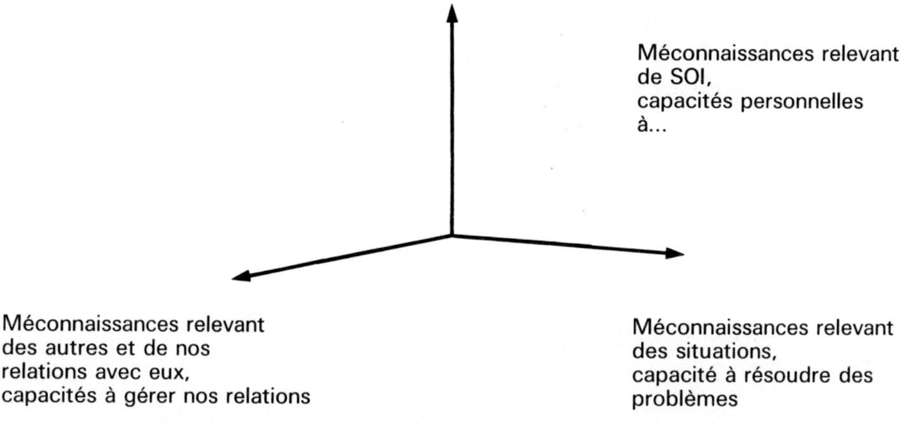

Fig. 2.3 : **Les trois domaines de méconnaissances**

DEGRES DE MECONNAISSANCE

Les méconnaissances se manifestent à des degrés différents.

Nous vous les présentons de la forme la plus grave à la forme la moins grave [2].

1 – *Méconnaître l'existence de signes traduisant un problème ou une difficulté*

La personne ne perçoit pas les indices ou symptômes relatifs à une difficulté.

2 – *Méconnaître la signification de signes ou indices*

L'individu perçoit certains signes auxquels il prête attention, mais ne peut les interpréter et donc agir efficacement.

3 – *Méconnaître l'existence du problème*

La personne s'avère incapable de repérer et d'exprimer sous la forme d'objectifs à atteindre les difficultés qui sont les siennes.

Elle aura généralement recours à des raisonnements en termes de solution (en méconnaissant la nature du problème), de responsabilités (ou de fautes) ou à des descriptions formelles du problème.

4 – *Méconnaître ses possibilités d'action*

La personne arrive à donner un sens aux signes et formule clairement le problème à résoudre.

Elle se sent par contre impuissante à agir et à modifier le cours des événements.

5 – *Méconnaître ses aptitudes personnelles*

Nous avons affaire à une simple application du principe de Socrate « connais-toi toi-même ».

Le manager ignore ses qualités personnelles ou pire, se refuse à les admettre.

---

(2) Pour plus de précisions, se référer à l'annexe placée en fin d'ouvrage, d'où est tirée la typologie présentée.

6 – *Méconnaître la fiabilité des options*

Le manager ne voit pas les options qui s'offrent à lui et peut encore moins les hiérarchiser.

7 – *Méconnaître son aptitude personnelle à mettre en œuvre l'option choisie*

La personne est bien consciente qu'il suffirait qu'elle prenne l'initiative pour faire avancer les choses et pourtant rien ne se passe.

Exemple

Patrick est responsable de production dans une usine de fabrication d'équipements électriques.

Depuis deux mois, il constate une baisse sensible de la productivité.

Au début, il n'y attache aucune importance (méconnaissance de l'existence de signes attestant d'une difficulté).

Puis, cet état de fait se perpétuant, il s'interroge sans comprendre ce qui se passe (méconnaissance de la signification du signe « diminution de la productivité »).

Un beau jour, conscient des difficultés et désireux d'en savoir plus, il convoque à son bureau l'un de ses opérateurs. Les explications fournies par celui-ci, si elles lui font sentir qu'il existe un problème ne lui permettent pas d'identifier la difficulté (méconnaissance de l'existence ou de la nature du problème).

Patrick finit par apprendre indirectement que la majorité de ses opérateurs ne sont pas satisfaits de leurs conditions de travail mais n'ont pas osé jusqu'à présent lui en toucher un mot par crainte des représailles.

Patrick a été opérateur bien avant eux et considère leur requête comme légitime, mais il ne voit pas ce qu'il peut faire (méconnaissance de ses possibilités d'action).

Il se décide à aller consulter le bureau des méthodes qui lui suggère plusieurs solutions. Patrick ne sait laquelle retenir et surtout il redoute d'aller en parler à son supérieur hiérarchique (méconnaissance de ses aptitudes personnelles et méconnaissance de la fiabilité des options).

Surpris, son patron lui indique qu'il est satisfait de l'initiative qu'il a prise et lui donne carte blanche.

Patrick ne sait pas quoi faire. (méconnaissance de son aptitude personnelle à mettre en œuvre l'option choisie).

A QUOI RECONNAIT-ON LES MECONNAISSANCES ? LES FORMES DE PASSIVITE

Les méconnaissances se concrétisent par différents degrés de passivité.

Nous partirons des degrés les plus courants pour terminer par ceux qui présentent les risques les plus importants.

1er DEGRE : NE RIEN FAIRE ET REMETTRE A PLUS TARD

Voici certains artifices qui peuvent être utilisés pour ne rien faire :

– Se placer en observateur, quoique concerné au premier chef par le problème à résoudre,
– jouer au donneur de leçons,
– parler longuement, avec beaucoup d'intelligence et d'esprit de nuances,
– utiliser des tournures passives « il est apparu... »,
– faire un usage abondant des verbes essayer, tenter, s'efforcer...,
– se fixer des objectifs beaucoup trop ambitieux,
– agir sans tenir compte des moyens dont on dispose... puis ne rien faire,
– considérer que tout est important... et finir par baisser les bras.

Options efficaces

– Se fixer des objectifs réalistes et attractifs pour soi,
– tenir compte de ses possibilités personnelles et/ou matérielles.

2e DEGRE : AGIR EN FONCTION DES AUTRES OU A PARTIR D'UN MODELE

Dans ce cas, la personne se suradapte à ce qu'elle croit être la demande des autres ou le problème à résoudre.

Elle se décentre totalement d'elle-même.

Elle se trouve généralement dans des attitudes de préperception, c'est-à-dire qu'elle s'interroge sur ce qu'on attend d'elle, les rôles que l'on souhaite lui faire jouer...

Ainsi, elle n'existe plus sinon par le modèle que l'autre ou la situation lui impose.

Le symptôme le plus fréquent de cette suradaptation est de chercher trop souvent à faire plaisir aux autres et à se mettre à leur place.

Options efficaces

– Tenir compte de ses intérêts propres,
– éclaircir la demande des autres,
– se centrer sur les faits,
– chercher à se forger un avis personnel.

3e DEGRE : S'AGITER ET SE SURMENER

Qui n'a observé dans son environnement professionnel l'un de ces managers qui court d'un bureau à l'autre, examine trois dossiers en même temps et réussit à tout entreprendre sans obtenir le moindre résultat.

La personne agitée manifeste une activité sans buts, ni objectifs. Les réflexions qu'elle mène sont embrouillées et difficilement accessibles à son entourage.

Il arrive que l'agitation s'extériorise au plan psychomoteur par des mouvements de nervosité des pieds ou des mains, des bégaiements ou encore des tics gestuels, oculaires ou verbaux.

Généralement, l'agitation va de pair avec le besoin impérieux de solutionner *tous* les problèmes, *au plus vite* et pour *toujours.*

Options efficaces

– Se doter de méthodes de travail,
– procéder par étapes,
– surveiller la gestion de son temps.

4e DEGRE : ENTRER DANS LE CYCLE DE LA VIOLENCE ET DU BLOCAGE

Nous touchons au degré le plus grave de passivité.

Cela peut se manifester par des explosions verbales ou un besoin irrépressible de marcher pour s'exprimer.

Quelquefois cet état se transforme en difficultés psychosomatiques (ulcère d'estomac, maladies de peau...)

Elle s'enferme dans des schémas binaires du type :

– avoir tort ou avoir raison,
– Être victime ou persécuter les autres,
– perdre ou gagner.

Cette forme de passivité est plutôt rare.

Quand nous l'avons rencontrée elle ne constituait que l'aboutissement logique des trois degrés précédents.

Parmi les conditions environnementales qui favorisent le développement de cet état, citons :

– un contexte professionnel induisant un stress, élevé,
– l'absence de règles du jeu,
– une entreprise sujette à des évolutions importantes et imprévisibles,
– une entreprise appartenant à un marché incertain et fortement concurrentiel,
– une difficulté personnelle à prendre et à gérer son temps,
– un souci excessif de faire plaisir aux autres,
– une difficulté à tenir compte de ses besoins.

Options efficaces

– Prendre soin de soi,
– multiplier les contacts sociaux,
– exprimer ses sentiments,
– agir à tout prix.

Parmi ces états, certains semblent être en apparence aux antipodes de la passivité. Ils expriment pourtant une incapacité à percevoir les difficultés et à obtenir des résultats.

Un préjugé courant invite à faire des efforts surhumains et, plus généralement, à en faire plus que d'habitude...

Nous proposons, au contraire, de pratiquer la méthode de la désescalade, c'est-à-dire de redescendre un à un les degrés de passivité. Il reste à la personne à choisir parmi les options proposées celle qui s'avère appropriée à son cas et à sa situation particulière.

La méthode de la désescalade s'inspire d'un double souci :

- progresser à petits pas (ou par étapes),
- se fixer des objectifs clairs, précis et concrets.

QUELQUES CONSEILS PRECIEUX POUR ENTRETENIR SES MECONNAISSANCES : LES REDEFINITIONS :

Les redéfinitions représentent à la fois la traduction et le mécanisme de renforcement des méconnaissances.

Nous pouvons les définir comme un ensemble d'attitudes qui consistent à fuir la réalité gênante et à la transformer à notre profit.

Le bénéfice de toute redéfinition est de maintenir la personne dans son cadre de référence actuel et de réduire son efficacité professionnelle et personnelle.

Il existe cinq formes de redéfinitions que nous allons étudier ensemble :

- la réponse à côté,
- le pinaillage,
- chercher à avoir raison,
- les rôles SVP,
- la généralisation.

Chacune d'entre elles représente un moyen subtil d'échapper à la pression de la réalité.

REPONDRE A COTE ET PLUS GENERALEMENT REFUSER LES CONFRONTATIONS

La personne effectue des transactions qui ne tiennent pas compte de ce que lui dit son interlocuteur. Elle répond à côté.

Exemple

Michel (responsable de l'atelier usinage) donne un conseil à Pierre (responsable de l'atelier montage).

Michel : « J'ai repensé à ton problème, à ta place je demanderais aux ouvriers de changer régulièrement de poste de travail. Cela t'éviterait d'avoir systématiquement recours à du personnel temporaire ! »

Pierre : « On a tous des idées personnelles sur le travail des autres. Par exemple j'ai suivi récemment un stage de formation et j'en ai retiré l'enseignement qu'il faut faire preuve de disponibilité ».

Michel, surpris par la réponse ne sait plus quoi dire.

Le manager qui a pris l'habitude de répondre à côté n'admet pas facilement les remarques qui lui sont faites et refuse les situations de confrontation.

Lorsqu'il souhaite recueillir l'avis d'un de ses collègues, il utilise deux techniques différentes :

– La première technique revient à poser une question qui suggère la solution efficace. L'autre est alors réduit au rang de simple comparse qui doit donner son approbation.

Par exemple : « Ne crois-tu pas que pour améliorer la productivité, il serait bon de modifier l'organisation du montage ? ».

Options efficaces

– Se centrer exclusivement sur la question et éluder la partie décision ;

– amener l'interlocuteur à préciser sa demande.

– La seconde technique équivaut à poser une question insoluble ou qui apparaît comme telle. L'individu cache certaines informations pertinentes ou masque les composants du problème qui ne dépendent que de lui.

Par exemple : « J'ai encore eu des problèmes avec Bernard. Il arrive régulièrement en retard. Il est toujours d'accord avec moi, mais il dépasse toujours les délais que je lui fixe. Rien ne l'intéresse. Et puis que faire avec quelqu'un qui est délégué syndical ? »

Ce que n'avoue pas ce manager est la part de responsabilité qu'il a dans la détérioration de sa relation avec Bernard.

Options efficaces

– distinguer faits et opinions,
– se centrer sur ses propres rôles en tant que manager.

LE PINAILLAGE OU SURDETAIL

Nous appelons pinaillage l'attitude qui vise à obtenir une information complémentaire ou un éclaircissement sur le sens d'un mot. D'apparence objective, cette demande aboutit à tourner en rond ou à s'enliser dans une discussion stérile.

Exemple : Discussion dans un atelier...

– « Je dois mettre en place un système d'autocontrôle en vue d'améliorer la qualité.

– Qu'est-ce que tu appelles autocontrôle ?

– Cela reviendrait à supprimer le contrôle final de production et à rendre chaque technicien plus responsable.

– Qu'entends-tu par rendre plus responsable ? »

et ainsi de suite...

Le pinaillage consiste à faire assaut de perfectionnisme et a préférer le sens du détail à l'esprit de synthèse.

Au bout du compte, la personne finit par oublier qu'elle doit résoudre de façon concrète son problème. Son interlocuteur éprouve le sentiment que l'autre joue sur les mots ou encore de s'enliser dans un débat stérile.

Le pinaillage peut être schématisé par une boucle sans fin, telle que la représente la figure 2.4 :

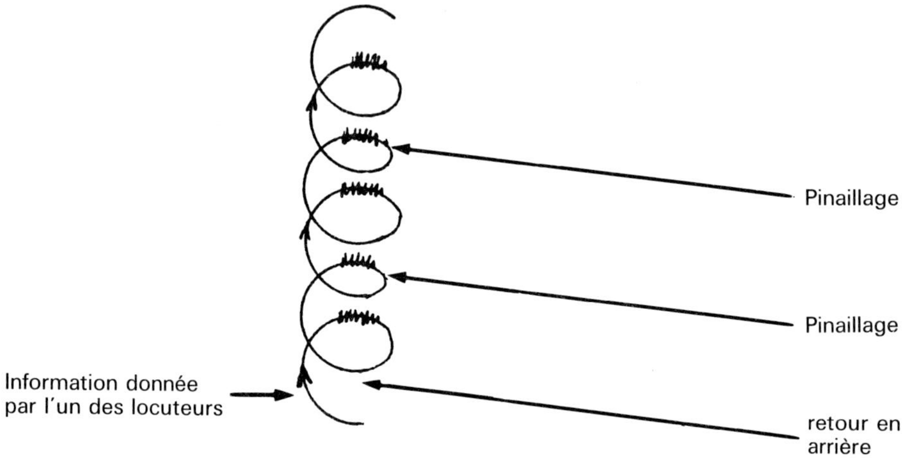

Fig. 2.4 : **Schéma représentant le pinaillage**

Il existe donc un cycle du pinaillage qui s'accompagne généralement de comportements agressifs (3e degré de passivité).

Options efficaces

– Répondre aux questions posées par un langage simple,
– s'exprimer de façon concrète et concise,
– faire reformuler l'autre.

CHERCHER A AVOIR RAISON (ou transactions bloquantes)

Une autre façon d'entretenir ses méconnaissances est de chercher à avoir raison.

Ce type de comportement se caractérise à la fois par l'utilisation de certaines expressions et par des attitudes gestuelles.

Expressions utilisées

– « Dans la vie il faut toujours convaincre ses interlocuteurs ! »
– « Un bon argumentaire vaut mieux que beaucoup de patience ».

– « Je ne suis pas d'accord avec le problème tel que tu le poses ».
– « Peux-tu me donner trois raisons valables de faire cela ? ».
– « J'essaie de t'expliquer... ».

Attitudes gestuelles

– La personne parle fort avec des inflexions au début de ses phrases ;
– ses gestes rythment et donnent de la force à ses arguments ;
– elle se tient droite ;
– elle impose sa présence physique.

La conséquence pratique de cette attitude est d'entrer dans des processus d'escalade dont l'issue est toujours fatale pour l'un et pour l'autre (cf. figure 2.5).

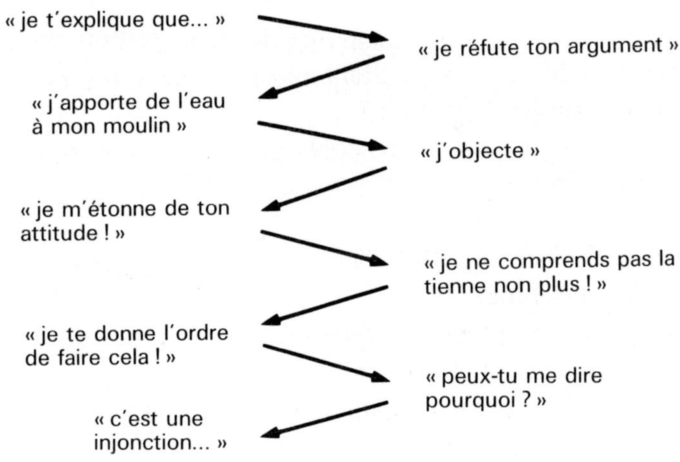

Fig. 2.5 : **Le processus d'escalade**

Celui qui sort vainqueur momentanément de la relation présente compromet ses relations futures avec son interlocuteur.

A terme, il se retrouvera lui-même dans une position d'infériorité et quelquefois avec certains dividendes !

Options efficaces

– Laisser l'autre s'exprimer jusqu'au bout,
– reformuler ses positions (idées, intérêts) et ses attentes (peur, espérances),
– se définir un objectif commun,
– dire « nous » plutôt que « je »,
– rechercher les zones d'accord,
– rechercher des gains pour les deux parties.

LES ROLES SAUVEUR-PERSECUTEUR-VICTIME (SVP) OU LE TRIANGLE DRAMATIQUE

Nous commencerons par un exemple :

Pierre travaille dans un service commercial où il occupe les fonctions de chef de vente. Il vient de rater une vente importante et s'en confie à Rémy, son collègue responsable de la gestion des stocks.

Pierre : « Je pensais pourtant réussir cette vente et avoir tous les atouts dans mon jeu ! (victime)

Rémy : Rassure-toi, tes résultats par ailleurs sont bons et puis c'est le genre de chose qui arrive à tous les vendeurs. Aujourd'hui perdant, demain gagnant... (sauveur)

Pierre : Oui mais cette affaire était très importante en volume, tu comprends... (victime)

Rémy : Je comprends ta déception mais tu devrais ne pas trop te culpabiliser et ruminer. (sauveur)

Pierre : D'une certaine manière tu t'en fiches toi, tu es un fonctionnel, vente ou pas vente, tu t'en sortiras toujours

Tu n'es pas tout à fait blanc dans cette affaire car s'il y avait eu le stock nécessaire on n'en serait pas là aujourd'hui ! (changement de rôle, persécuteur)

Rémy : Comment ? tu t'en prends à moi maintenant ! » (victime)

Nous avons fait figurer entre parenthèses les rôles successifs joués par chacun des protagonistes.

L'évolution de cette interaction illustre parfaitement cette nouvelle forme de redéfinition que représentent les rôles SVP. (le triangle dramatique se joue toujours entre 2 personnes)

Le sauveur va au secours d'une personne qui n'en exprime pas la demande. Par la même il fait le travail à sa place et le dégage de ses responsabilités.

Le persécuteur s'attaque aux autres dans le but d'éviter de reconnaître sa part de responsabilité.

La victime cherche à se faire plaindre et à recevoir un soutien affectif.

Chacun de ces rôles en cache un autre, ce qui permet de jouer des pièces de théâtre avec de nombreux rebondissements !

Options efficaces

– *pour le persécuteur :* se reconnaître et reconnaître aux autres des qualités.

– *pour la victime :* raisonner en termes d'objectif et non de faute ou de coupables.

– *pour le sauveur :* se centrer sur ses besoins personnels.

LA GENERALISATION

Elle constitue certainement la forme la plus subtile d'abandon de ses responsabilités.

Plutôt que de résoudre le problème particulier qui l'occupe, la personne généralise à d'autres situations et donne à cette difficulté une dimension plus large.

Exemple

Guy et Yvon sont les chefs respectifs des ateliers usinage et montage.

Il existe dans cette entreprise une règle qui permet de procéder à des mutations de personnel entre ateliers.

Guy et Yvon n'arrivent pas à se mettre d'accord sur les modalités pratiques de cette règle.

Ce litige ne relève que d'eux seuls et le responsable de la fabrication leur reconnaît ce pouvoir.

Guy considère que « le problème est beaucoup plus compliqué et qu'il faudrait revoir l'organisation du service production ».

Yvon estime quant à lui que « l'histoire de l'entreprise explique la situation actuelle ainsi que les relations avec les clients qui imposent des modifications incessantes au cahier des charges initial ».

La généralisation consiste à porter un regard trop globalisant sur un problème local et particulier, ce qui permet à la personne de rester dans son cadre de référence.

Options efficaces

– S'intéresser à des situations précises,
– recenser les interlocuteurs concernés pour résoudre un problème,
– préciser ce qu'est et n'est pas un problème,
– préférer le « quoi faire » au « pourquoi faire ».

POINTS COMMUNS AUX DIFFERENTES FORMES DE REDEFINITIONS

Toutes ces formes de redéfinitions sont des manifestations de notre irréalisme. Elles constituent autant de stratagèmes pour ne pas affronter les difficultés de la vie quotidienne.

Elle présentent trois points communs :

– Elles cachent une peur profonde d'avoir à affronter la réalité. La personne se sent menacée dans son état actuel.

– Elles assurent un déplacement du problème, empruntant pour cela des voies différentes :

- les « rôles SVP » transforment la résolution du problème en une recherche de coupable ;
- la « grandiosité » utilise le mécanisme de sur-dimensionnement du problème pour échapper à la pression du quotidien ;
- la « réponse à côté » élude la question ;
- les attitudes du type « avoir raison » font passer de l'objectif d'être efficace à celui d'avoir le dessus sur les autres.
- Enfin, les redéfinitions tendent à privilégier le « pourquoi faire » au « quoi faire ».

Le manager entre alors dans des processus d'analyse ou dans des processus d'affrontement et de compétition.

LES CONSÉQUENCES SOCIALES, PROFESSIONNELLES ET PERSONNELLES DES MÉCONNAISSANCES.

Les méconnaissances se caractérisent alors par des comportements de non-délégation.

1 – Le premier effet est qu'elles entraînent un *amalgame* et une *confusion* entre les *pouvoirs réels* et *ceux que l'on croit avoir.*

Le manager ne fait plus la séparation entre ce qui relève de son autorité, ce qui peut être confié à un collaborateur et ce qui dépend de son supérieur direct.

Dans cette perspective, deux hypothèses peuvent être envisagées :

– L'hypothèse où les méconnaissances ont pour incidence de faire jouer au manager les rôles et fonctions de ses collaborateurs.

Le manager empiète sur la zone de compétence de ses collaborateurs.

Les méconnaissances se caractérisent par des comportements de non-délégation.

Chaque cadre se substitue pour partie à son collaborateur direct.

Ce phénomène peut toucher des niveaux précis et localisés de la ligne hiérarchique.

Il peut également se généraliser à l'ensemble de l'encadrement. (méconnaissance se traduisant par de la passivité).

– L'hypothèse où les méconnaissances ont pour incidence de pousser le manager à exercer des compétences qui ne lui sont pas reconnues par l'institution et par son supérieur hiérarchique.

Celui-ci peut se sentir alors menacé et redouter une situation de concurrence.

Nous représentons les effets des méconnaissances à l'aide de la figure 2.6.

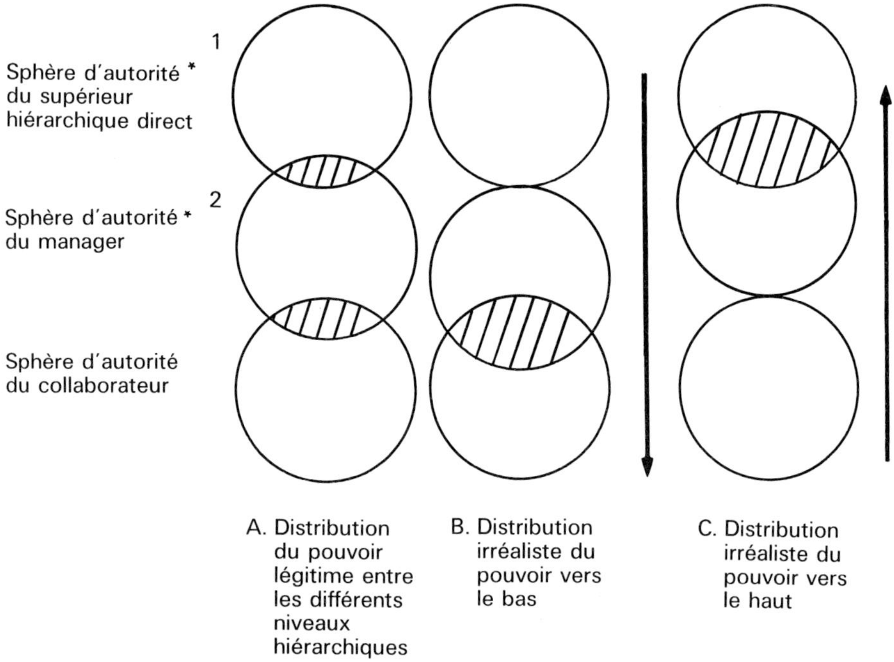

Fig. 2.6 : **Méconnaissances et distribution du pouvoir**

Dans le cas de figure B, nous sommes en présence de méconnaissances se traduisant par de la passivité chez le manager. Dans le cas de figure C nous avons affaire à des méconnaissances caractérisées par une agressivité du manager.

2 – Un second effet négatif des méconnaissances tient dans le fait que le manager a tendance à s'attacher aux *aspects plutôt négatifs* des choses.

La résolution de problèmes et l'efficacité de ses relations tiennent en partie à l'attitude qu'il adopte par rapport aux obstacles à surmonter et aux qualités qu'il prête à ses interlocuteurs.

Tout manager identifie et interprète la situation dans laquelle il est engagé, ce qui détermine les positions qu'il compte prendre.

1. Chaque sphère d'autorité se caractérise par des formes d'expertise, la capacité à infliger des punitions ou encore à fournir des récompenses.

2. Il existe toujours des zones de superposition de l'autorité entre les différents niveaux hiérarchiques.

Sa perception procède en quatre étapes que nous allons illustrer par un exemple :

1ère étape : le manager sélectionne des indices négatifs

Il ne perçoit que les petits conflits et les phénomènes de rétention d'information venant de son collègue.

2e étape : le manager définit la situation

La situation est jugée intolérable et conflictuelle.

3e étape : le manager interprète la situation

Ces difficultés viennent de l'autre.

4e étape : le manager agit sur la base de la définition de la situation

Il ne sert à rien d'essayer quelque chose avec ce collègue !

L'interprétation fausse et négative que donne le manager de la situation le programme négativement et l'empêche de trouver les options efficaces avec ce collègue.

3 – Le troisième effet négatif des méconnaissances consiste à enfermer le manager dans des *boucles d'autorenforcement* dont voici la figure 2.7 procure une illustration graphique.

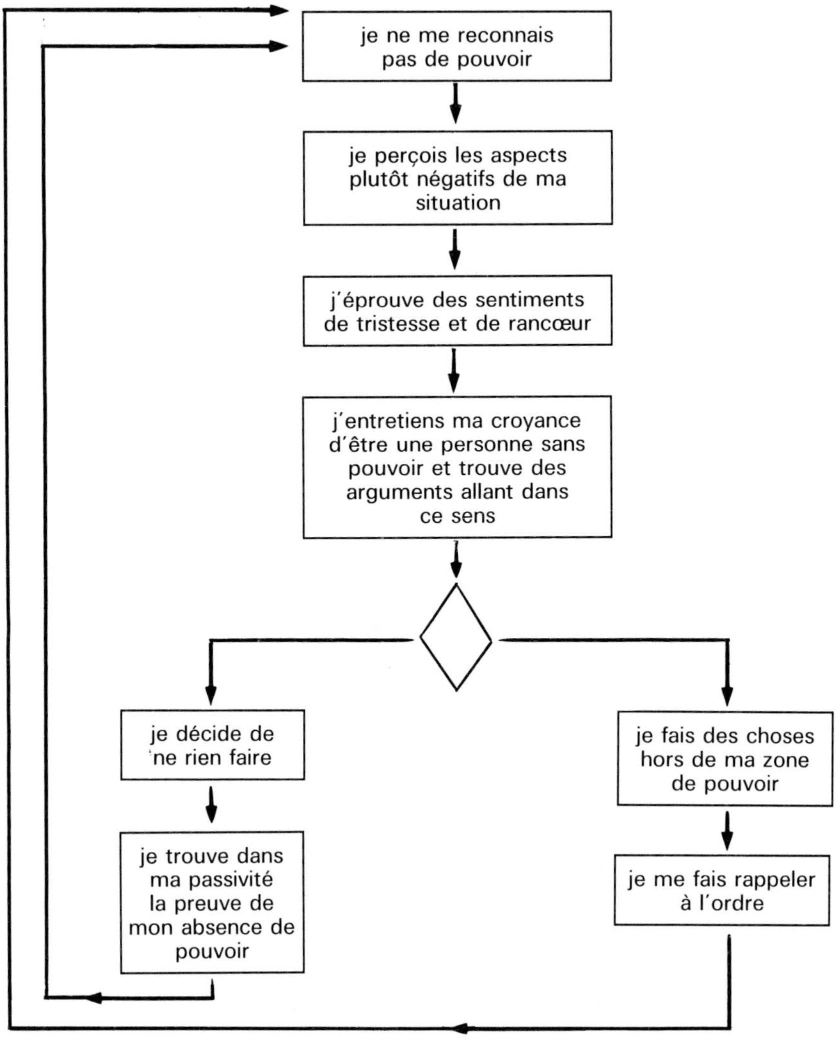

Fig. 2.7 : **La boucle d'autorenforcement des méconnaissances**

En résumé, les trois types d'effets négatifs produits par les méconnaissances peuvent être recentrés sur la problématique du changement individuel et de la résistance au changement.

Les méconnaissances entravent la capacité de chacun à gérer son développement professionnel et son épanouissement personnel.

Cette analyse des méconnaissances est intéressante dans la mesure où elle nous a permis d'isoler et d'identifier des comportements individuels inefficaces et de dégager systématiquement les options efficaces correspondantes.

Tous les managers sont constamment soumis à la double pression représentée par l'impératif d'obtenir des résultats aux moindres coûts et le souci de développer toutes les formes de réussite individuelle.

Ils en viennent ainsi à oublier que seule une lecture factuelle et objective d'une situation, leur permettrait d'être plus efficaces puisque plus réalistes.

Ils mettraient ainsi leur énergie au service du groupe auquel ils appartiennent et contribueraient à sa réussite.

Nous vous proposons maintenant de donner une première définition des rôles du manager.

PREMIERE DEFINITION DU MANAGER

Nous pouvons dégager deux tendances dans les différentes définitions du management qui ont été données jusqu'à présent :

– La première tendance sera qualifiée de « descriptive », car elle décrit les rôles et fonctions des managers, ce qui représente une sorte de catalogue du parfait manager. Les ouvrages illustrant cette tendance se veulent des photographies de la réalité.
Cette vision nous apparaît trop mécaniste.

– La seconde tendance insiste sur l'aspect normatif des choses. Le manager se doit alors de réduire les tensions, dysfonctionnements et autres conflits.
Cette vision nous semble être par trop fonctionnaliste.

Ces deux définitions, quoique intéressantes s'avèrent incomplètes car elles négligent deux aspects :

- le premier concerne les moyens mis à la disposition du manager et qui sont à prendre tels quels ;
- le second touche à la pluralité des intérêts et des stratégies des personnes en présence. Si ce n'était pas le cas, les entreprises vivraient sur le mode du consensus général et les conflits seraient proches de zéro.

Un exemple va nous permettre de faire ressortir ces deux aspects.

Exemple

Après une étude de marché, une entreprise se donne l'objectif général d'améliorer la qualité de ses produits en vue de se démarquer de ses principaux concurrents.

Les moyens dont elle dispose pour se repositionner sont :

* l'équipement actuel en machines,
* les investissements matériels décidés,
* la capacité de sa hiérarchie à mobiliser ses collaborateurs qualifiés,
* une action de formation sur la vente.

Situons-nous maintenant au niveau du responsable du service entretien qui reçoit l'objectif opérationnel de faire baisser le taux de panne (celui-ci doit passer d'un niveau A à un niveau B).

L'intérêt personnel de ce responsable est, bien sûr et à court terme, d'atteindre l'objectif donné, afin d'être reconnu socialement par sa hiérarchie.

Si nous poussons la logique jusqu'au bout, il n'est pas certain que son intérêt soit d'arriver à 0 panne car cela équivaudrait à nier le rôle de son service. Il perdrait alors de son pouvoir et certainement une partie de ses collaborateurs.

Ce responsable fixera donc à ses collaborateurs des objectifs spécifiques qui tiendront compte du niveau d'expertise de ceux-ci, de leur polyvalence, du parc de machines existant... tout en prenant en compte la pérennité de son service.

Au niveau inférieur, les intérêts des collaborateurs peuvent être :

– de protéger leur emploi,
– de développer leur expertise actuelle.

En ce cas, ils sont en accord avec ceux du service.

Mais il peut se trouver qu'un collaborateur souhaite élargir sa compétence professionnelle (faire autre chose que de l'entretien).

Son intérêt devient alors contradictoire avec celui du service.

La première qualité d'un manager nous semble être sa capacité à tenir compte de la diversité des intérêts (ceux de l'entreprise, les siens, ceux des collaborateurs) et également des moyens mis à sa disposition.

Cet exemple nous conduit à proposer la définition suivante :

> Le manager est celui qui se montre capable d'obtenir des autres les résultats prévus (ou l'atteinte des objectifs), d'une part en gérant les contradictions entre les intérêts de sa hiérarchie, les siens et ceux de ses collaborateurs, d'autre part en tenant compte des moyens [3] actuels et non souhaités.

de cette définition, nous mettons en exergue les points clés suivants :

– Le management efficace se définit grâce à des objectifs réalistes. Toute autre unité de mesure (par exemple les tâches, attitudes ou comportements) est généralement vouée à l'échec et reflète des liens de subordination très différents.

– Fixer des objectifs à un collaborateur équivaut à entrer dans une relation contractuelle et à prendre en compte le niveau d'expertise de celui-ci.

– La fixation des objectifs n'est pas dissociée des moyens existants. Toute la difficulté du management consiste à « faire avec » et non à « faire comme si ».

– Le manager a pour rôle de permettre à ses collaborateurs d'atteindre les objectifs fixés avec eux. Il est à leur service et contribue à les faire réussir.

– Le manager accepte l'idée et l'éventualité que ses collaborateurs puissent avoir des intérêts, et donc des objectifs, différents des siens. Il importe qu'il soit avant tout stratège.

– l'autonomie représente certainement l'un des critères les plus opérants, dans la mesure où il permet d'apprécier le niveau de performance d'un collaborateur et l'efficacité managériale de son supérieur hiérarchique.

(3) Par moyens, nous entendons l'ensemble des aspects humains et matériels.

En conclusion, ces quelques indications d'un management efficace et inefficace sont résumées par la figure 2.8.

INDICATEURS D'EFFICACITE DU MANAGER	INDICATEURS D'INEFFICACITE DU MANAGER
• Peut se faire remplacer en partie et/ou en totalité • Mobilise les compétences actuelles de ses collaborateurs • Développe l'expertise de ses collaborateurs (niveau horizontal) • Elargit leur domaine de compétence (niveau vertical) • Réussit à faire innover	• Se rend irremplaçable • Renforce les territoires et les spécialités

Fig. 2.8 : **Les indicateurs d'efficacité et d'inefficacité chez le manager**

Nous allons maintenant aborder l'étude systématique de l'influence de méconnaissances sur des relations et des situations de la vie quotidienne des managers. Nous dégagerons au fur et à mesure des options efficaces.

BIBLIOGRAPHIE

– D. CHALVIN : *Les outils de base de l'analyse transactionnelle,* 1ère et 2e partie, Editions ESF, Entreprise Moderne d'Edition, Paris, 1986 et 1987.
– J. L. MULLER : *Fonctions et rôles de la maîtrise,* Editions Hommes et Techniques, Paris, 1982.
– Warren BENNIS et Burt NANUS : *Diriger. Les secrets des meilleurs leaders,* InterEditions, Paris, 1985.
– A.A.T. N° 3 et N° 5.

DEUXIEME PARTIE

DEVELOPPEZ VOTRE POUVOIR DANS LES RELATIONS PROFESSIONNELLES

Cette seconde partie sera consacrée à l'étude de deux types de relations auxquels est confronté tout manager :

— les relations horizontales ou relations non hiérarchiques.

Elles seront illustrées par l'observation et l'analyse des comportements que nous adoptons avec les services fonctionnels, avec d'autres services quand nous devons négocier, enfin avec les représentants du personnel.

— les relations verticales ou relations hiérarchiques.

Trois formes particulières d'interaction manager - collaborateur ont été retenues en raison de leur importance et des questions qu'elles soulèvent régulièrement dans le cadre de nos séminaires. Ce sont :

- la relation d'appréciation
- la relation de délégation
- la relation de décision.

Chapitre III

Etablir des relations horizontales efficaces

LE POUVOIR DE COOPERER

La période économique actuelle se caractérise par d'incessantes réorganisations internes aux entreprises et par des fusions et absorptions entre entreprises.

Elle met en avant toute une série de responsabilités humaines délicates à assumer pour le manager.

L'avancement à l'ancienneté, le saupoudrage des augmentations de salaire, la possibilité de faire carrière dans la même entreprise, voire la même fonction deviennent moins fréquentes.

Le manager est amené à remplir les missions suivantes (ce ne sont que des exemples) :

– étudier avec ses collaborateurs les possibilités de mutations,
– participer à un recrutement,
– redéfinir l'organisation du service.

La coexistence des fonctions de production du manager et des fonctions de conseil du service du personnel crée un terrain propice au développement des méconnaissances chez le manager.

PRINCIPALES FORMES DE MECONNAISSANCE

Nous décrirons quatre formes différentes de méconnaissance en commençant par celles qui nous semblent être les plus dommageables pour le manager.

Nous conserverons ce mode de présentation dans les chapitres qui suivent.

Le lecteur peut se référer s'il le souhaite à la typologie des méconnaissances figurant en première partie, ou encore à celle située en annexes.

1 - *S'en remettre aveuglément au service du personnel*

Le manager abandonne ses responsabilités de gestion du personnel et donc une partie de ses pouvoirs. A la moindre alerte avec ses collaborateurs il se précipite dans le bureau du chef du personnel et en fait le siège.

En cas de mutation d'un collaborateur peu efficace il se montre surpris et invite celui-ci à demander des informations et pourquoi pas des explications détaillées au chef du personnel !

En matière de formation il distribue le catalogue des stages proposés à l'encadrement. Bien sûr, il se garde bien d'avoir un entretien préalable qui permettrait de faire le point sur les objectifs personnels de l'intéressé et encore moins un entretien à l'issue de la formation.

Cette forme de méconnaissance touche à la compréhension même de son rôle de manager. Il ne perçoit pas les signes extérieurs des problèmes dont il est le plus souvent la cause.

Trois hypothèses peuvent être formulées dans ce cas de figure :

– il débute dans ses fonctions de management ;
– il cherche à se protéger d'une trop grande incertitude qui déclenche chez lui des réactions d'anxiété,
– son profil est davantage celui d'un expert que d'un manager.

2 - *Solliciter régulièrement l'aide du spécialiste* (mais non systématiquement).

C'est le cas, par exemple, d'un manager à qui l'on demande de réviser les descriptions de fonction de son équipe.

Celui-ci comprend l'intérêt de ce travail mais reste bloqué à l'idée d'entreprendre cette action lui-même : prévoir les dates des entretiens, mener les entretiens, comparer les descriptions de fonction et faire une synthèse qu'il s'agit de présenter en retour aux collaborateurs.

Un autre exemple est celui du manager sollicité pour établir une liste de personnes promouvables, et qui s'interroge sur le fait que l'on fasse appel à lui pour remplir ce genre de missions.

Ces deux exemples illustrent les méconnaissances portant sur nos capacités personnelles.

3 - *Identifier le problème mais ne pas voir ses moyens d'action*

Un manager reçoit l'objectif de réorganiser son service, alors qu'un de ses collaborateurs part en préretraite.

Sa direction exclut toute possibilité de recrutement externe, de recours à une main d'œuvre temporaire ou de rétrocession d'une partie de ses activités à un service voisin.

Notre manager se sent impuissant. Certaines options, comme une plus grande délégation, l'élargissement des tâches, une redéfinition des fonctions ou des procédures ne lui traversent pas l'esprit.

Il méconnaît l'existence et la fiabilité des options appliquées à son problème.

4 - *Croire aux recettes et à la supériorité des autres*

Ce type de manager perçoit avec justesse les problèmes qu'il a à résoudre.

Il a déjà recensé un certain nombre d'options réalistes à mettre en œuvre, pourtant il hésite et manifeste mille atermoiements. Il estime que les autres feraient sûrement mieux que lui dans cette situation, alors que ses propres résultats tendent à prouver qu'il réussit.

Certains managers vont, dans cet ordre de choses jusqu'à ignorer leurs propres réussites et à les juger normales. Ils n'osent pas s'avouer leurs succès[1].

---

(1) Ce phénomène porte le nom de complexe d'imposture.

Nous avons regroupé les différentes attitudes qu'il est possible d'entretenir avec le service du personnel. Elles expriment le caractère plus ou moins différencié des relations (cf. figure 3-1).

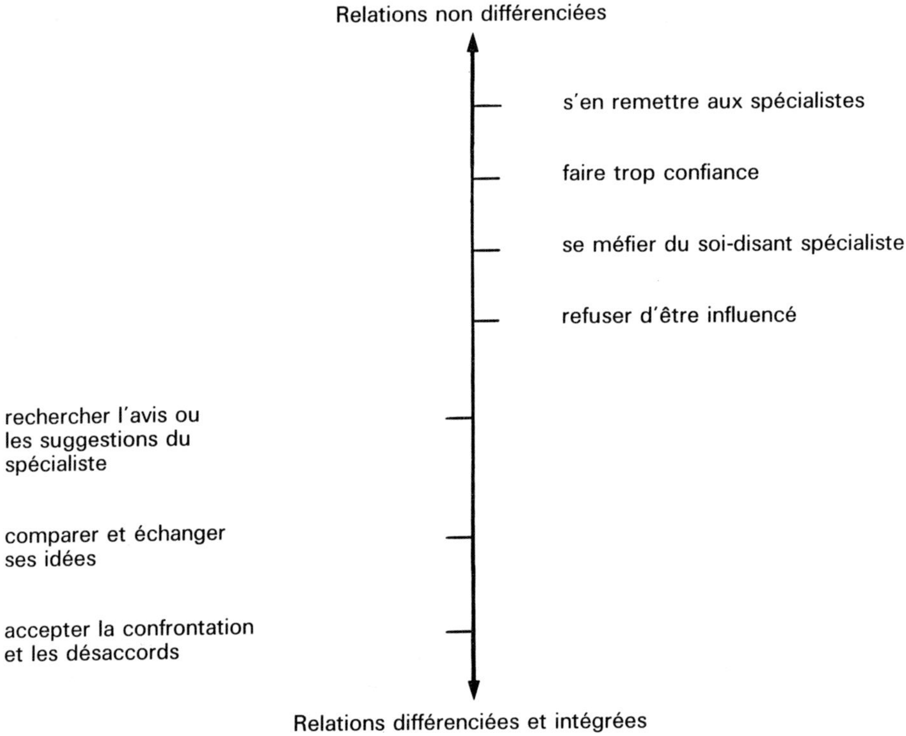

Figure 3. 1 - **Les différentes attitudes du manager avec son service du personnel**

CONSEILS ET OUTILS POUR DEVELOPPER SON EFFICACITE PERSONNELLE

Nous estimons qu'il existe quatre causes de différente nature expliquant ces méconnaissances :

–Tout d'abord notre organisation du travail taylorisée nous a fait croire pendant longtemps qu'il existait des spécialistes de chaque métier et que nous ne pouvions fonctionner indépendamment d'eux.

Une tendance actuelle des entreprises est, au contraire, d'opérer une décentralisation des responsabilités et des centres de décisions là où se situent les problèmes et de rendre l'encadrement plus généraliste et plus acteur.

– Un second déterminant réside dans l'incertitude attaché à toutes les décisions concernant les hommes.

Il est rarement possible de savoir si la décision prise est la meilleure. En matière de gestion de personnel les objectifs s'expriment en termes de réduction de l'incertitude et d'identification des contre-indications.

– Un troisième déterminant prend sa source dans la tradition française qui privilégie l'expertise par rapport aux postes de management.

– Enfin le dernier déterminant consiste à assimiler les problèmes inter-individuels aux problèmes d'ordre mécanique ou cybernétique : « il suffit que je fasse telle chose, pour que cela produise tel effet ».

Nos méconnaissances s'organisent quant à elles autour de trois pôles :

– l'amalgame des rôles de conseil et de décisionnaire (nous prendrons quelques exemples pour illustrer cette idée) ;

– la non différenciation des intérêts collectifs de l'entreprise et des intérêts spécifiques des services ;

– la confusion des différents niveaux de décision.

1 - *L'amalgame des rôles de conseil et de décisionnaire*

L'objectif premier de tout service du personnel est d'encourager et de favoriser une prise de décision aussi décentralisée que possible ainsi qu'une réduction de la prise de risques.

Un service du personnel exerce une fonction de conseil et d'assistance par rapport aux centres de production de l'entreprise.

Plus l'entreprise pratique une prise de décision proche des zones de production et de vente, plus elle participe à la réduction des dysfonctionnements internes.

Nous allons à présent illustrer l'idée de la complémentarité entre le service du personnel et le manager en examinant trois cas de figure. Pour chacun d'entre eux nous mentionnerons les rôles de conseil joué par le service du personnel et les différentes formes de décision qui relèvent du seul manager, quel que soit le processus en cause (cf. figures 3.2, 3.3, et 3.4).

PROCESSUS DE RECRUTEMENT	
SERVICE DU PERSONNEL CONSEIL	MANAGER DECISION
Propose différentes approches du recrutement : voie interne, annonces, écoles...	Choisit la ou les approches en fonction des critères temps, budget, habitudes culturelles...
Aide à la définition et précision du profil.	Retient le profil définitif.
Rédige et soumet plusieurs projets d'annonces.	Fait le choix du texte à publier.
Choisit le ou les supports les plus adaptés à la cible visée.	Précise ses limites budgétaires *.
Présélectionne les candidats sur leur dossier.	
Mène les premiers entretiens.	En présence ou non du manager
Propose et présente les candidats pour le second entretien.	Confronte ses impressions avec celles du spécialiste, prend la décision finale.
Rappelle les fourchettes de rémunération à respecter.	Négocie le salaire avec le candidat (le cas échéant) détermine ses conditions pratiques d'intégration, d'accueil et/ou de formation.

* sauf en cas de centralisation du budget recrutement.

Fig. 3.2 : **Les étapes du processus de recrutement**

PROCESSUS DE MUTATION	
SERVICE DU PERSONNEL CONSEIL	MANAGER DECISION
Il centralise des dossiers sur l'encadrement.	
	Il informe qu'un poste vient de se libérer dans son équipe. Il définit le profil du candidat souhaité.
Il recense les dossier les plus proches du profil défini. Il prend contact avec les candidats présentés. Il transmet au manager les dossiers des candidats intéressés et retenus.	
Le chef du personnel peut également recevoir les candidats afin de donner un avis complémentaire.	Il reçoit individuellement chaque condidat. Il prend sa décision.

Fig. 3.3 : **Les étapes du processus de mutation**

PROCESSUS D'EVALUATION INDIVIDUELLE EN FIN D'ANNEE	
SERVICE DU PERSONNEL CONSEIL	MANAGER DECISION
Il définit et gère la procédure : délai, centralisation des guides d'entretiens.	
Il fixe les limites d'augmentations salariales pour l'année écoulée.	
	Le manager prépare et mène ses entretiens.
	Il propose une sanction positive ou négative selon le niveau de contribution du collaborateur
	Il fait une demande de formation pour l'un de ses collaborateurs.
Il confirme ou corrige les demandes d'augmentation individuelle.	
Il gère les demandes de mutation, formation, promotion issues de l'entretien.	
Il effectue un bilan statistique de l'ensemble des évaluations.	

Fig. 3.4 : **Les étapes du processus d'évaluation**

Bien sûr, les choses ne se déroulent pas exactement comme sur ces tableaux dans votre organisation et vous avez dû sûrement repérer des écarts. Ces trois exemples ont pour unique but de souligner la complémentarité entre service fonctionnel et décideur local.

Il importe que le manager et le service du personnel se mettent d'accord sur les modalités de leur coopération, afin de préciser quels rôles ils entendent jouer l'un par rapport à l'autre.

Si tel n'est pas le cas, le manager risque de transférer son pouvoir de décisionnaire sur le service du personnel, quitte à se plaindre par la suite des mauvaises prestations rendues par ce dernier.

Nous vous soumettons, dans la figure 3.5, douze conseils pratiques qui ont pour objectif de vous permettre d'établir des relations plus professionnelles avec votre service du personnel.

A vous de juger ceux qui s'appliquent à votre contexte social et professionnel.

- Ne pas chercher à faire ou à inventer ce qu'un spécialiste chevronné peut vous apporter : par exemple la connaissance du marché du travail ou des prestataires dans le domaine de la formation.
- Fortifier votre expérience au contact d'un professionnel.
- Considérer le spécialiste du personnel comme la possibilité d'un regard extérieur. Se demander en quoi son approche est complémentaire de la vôtre.
- Ne pas oublier que le management ne se délègue pas. Rester propriétaire de votre décision finale car c'est vous qui vivrez avec le collaborateur.
- Faire « avec » les procédures existantes plutôt que « contre » ou « en dépit ».
- Rechercher des formes de coopération réalistes et appropriées à chaque situation avec les services fonctionnels.
- Clarifier vos demandes sous la forme de cahier des charges.
- Vous montrer exigeant.
- Vous doter de critères de choix et de comparaison plutôt que de rechercher la perfection.
- A défaut d'assumer votre pouvoir de décision, d'autres risquent de le faire à votre place. Votre autorité personnelle et votre image de marque risquent d'en souffrir.
- Vous reconnaître le droit à l'erreur permet de dédramatiser les situations et mieux vivre l'incertitude.
- Passer un contrat avec votre interlocuteur précisant ce que vous attendez de lui et le rôle que vous vous réservez.

Fig. 3.5 : **Douze conseils pour établir des relations professionnelles avec le service du personnel**

2 — *La non-différenciation des intérêts collectifs de l'entreprise et des intérêts spécifiques des services*

Certains managers identifient leurs intérêts particuliers de chefs de service comme étant nécessairement ceux de l'entreprise. Cette perception est renforcée par toute une idéologie sur les gagnants et les entreprises gagnantes.

Si cela peut s'avérer vrai dans certains cas il serait erroné d'en tirer une loi générale.

L'exemple le plus probant est certainement celui du responsable qui voit partir avec regret son meilleur collaborateur, son bras droit pendant plusieurs années, pour un autre service.

Si le rôle du manager est de faire produire des biens, des services ou de faire réaliser des ventes de ces mêmes biens ou services, on finit par oublier qu'il est également producteur de capital humain et de compétences.

L'entreprise n'est pas une somme de fonctions ou de services vivant en systèmes fermés, mais un ensemble intégré qui a besoin de toutes ses ressources pour réussir, et en particulier de la mobilité de ses membres.

3 – *La confusion des différents niveaux de décision*

Nous prendrons pour traiter cet aspect l'exemple assez connu du recrutement.

Il existe dans toute organisation une procédure de recrutement formelle ou informelle qui précise les rôles et les pouvoirs de chacun (les habitudes constituent en soi une procédure).

A chaque niveau hiérarchique les possibilités d'action sont directement influencées par les décisions prises par le niveau supérieur comme l'indique le schéma 3.6.

NIVEAU HIERARCHIQUE	NIVEAU DE DECISION
Direction générale ↓	Donne la priorité à la polyvalence et à la mobilité fonctionnelle et géographique.
Service du personnel ↓	Organise et met en place cette priorité, choisit de privilégier le recrutement externe.
Chef de service	Gère en collaboration avec le service du personnel les recrutements extérieurs.

Fig. 3.6 : **Les différents niveaux de décision**

Le manager doit donc intégrer les choix faits au-dessus de lui. S'il ne les partage pas (par exemple, il estime avoir un collaborateur qui a le potentiel pour occuper un poste libéré) il peut biens sûr s'en entretenir auprès du service du personnel. Il risque par contre d'être mis en porte-à-faux s'il contredit ouvertement ces principes en présence de ses collaborateurs.

QUESTIONS CLES A SE POSER

• Parmi les responsabilités de personnel suivantes quelles sont celles que vous assumez ?

	OUI	NON
formation		
mutation		
recrutement		
évaluation des performances		
accueil des nouveaux		
réorganisation		

• Pour celles que vous assumez quels sont les rôles spécifiques du service personnel et vos rôles propres ?

ROLES DU SERVICE DU PERSONNEL	MES ROLES

• Comment pourriez-vous améliorer le fonctionnement de vos relations actuelles avec le service du personnel ?

• Vous arrive-t-il parfois d'invoquer des raisons de ne pas ou de peu collaborer avec le service du personnel ?

Si oui, lesquelles ?

• Faîtes la liste des expériences positives que vous avez effectuées en collaborant sur le terrain avec le service du personnel ?

LE POUVOIR DE NEGOCIER

Nous n'aborderons dans cette section que les conflits informels et interpersonnels c'est-à-dire ceux qui mettent en présence deux personnes d'un même service ou de services différents. Ces deux acteurs peuvent disposer du même pouvoir ou au contraire se situer à des niveaux différents de l'échelle hiérarchique.

Afin de bien délimiter le sujet qui nous intéresse et d'apporter une définition de la négociation, nous vous proposons de partir du schéma 3.7 : l'exemple pris concerne un conflit entre deux services différents.

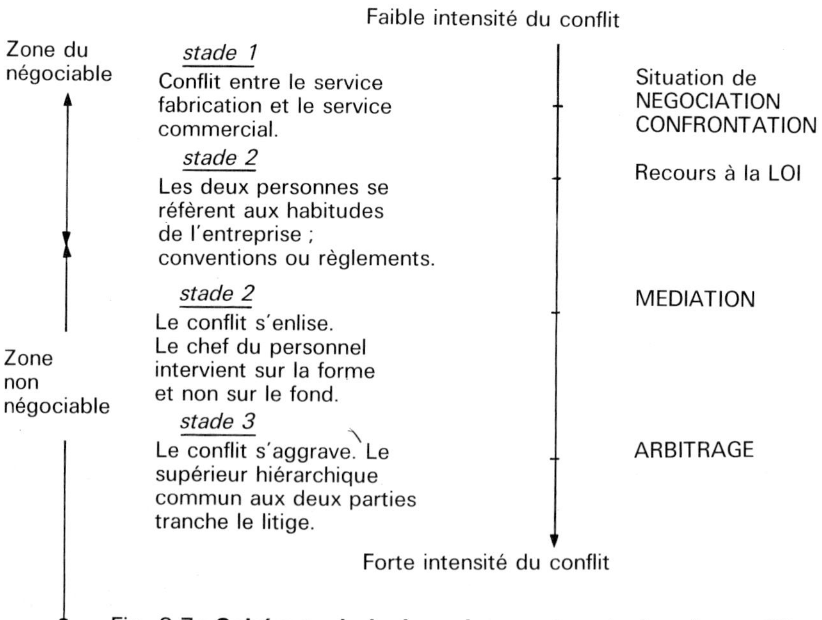

Fig. 3.7 : **Schéma général sur les quatre stades du conflit**

Le stade 1 du conflit se caractérise par l'opposition de deux desseins légitimes et contradictoires.

Chacun défend une idée, un objectif, un projet et souhaite amener son interlocuteur à comprendre le bien-fondé de son point de vue.

Une situation de négociation présente les caractéristiques suivantes :

- je ne peux pas me sortir seul de cette situation,
- l'autre a la possibilité de bloquer le jeu.

Le stade 2 se traduit par le recours à la loi.

Les deux personnes ne parvenant pas à se mettre d'accord « réglementent » leurs relations.

Au stade 3, le conflit a pris une dimension nouvelle. Faute d'avoir abouti à un résultat satisfaisant pour les deux parties, il apparaît nécessaire de faire appel à un *Médiateur* (2).

Celui-ci assure une fonction de régulation au niveau des échanges et gère un certain nombre de procédures. Il ne lui appartient pas de décider à la place des protagonistes.

Au stade 4, le conflit s'engage dans une impasse. Les acteurs en présence ne peuvent se tirer d'affaire seuls et ont inévitablement recours à un arbitre.

Celui-ci se voit confier un pouvoir de décision. Il relève de son autorité de trancher et de décider à la place des parties en présence.

Nous considérons que le conflit présente un caractère négociable au seul stade 1. L'entreprise, pour des raisons de coûts économique, social et humain, souhaite éviter de parvenir aux stades 2, 3 ou 4.

PRINCIPALES FORMES DE MECONNAISSANCE

Elles sont au nombre de six.

1 – *Nier l'existence des conflits*

Cela se traduit par des remarques telles que : « Vous voyez des difficultés partout ! » ou encore, « Si les gens passaient leur temps à autre chose ! »

(2) Un article du journal *Le Monde,* du 31 juillet 1987, intitulé « Profession médiateur », indique l'intérêt d'un tel métier dans notre société.

Le refus de perception du conflit s'accompagne généralement du recours à un langage impersonnel : « on », les « autres », les « gens », s'ils comprenaient ».

Le fait même de ne pas percevoir les signes extérieurs du conflit rend impossible la recherche de solutions efficaces.

2 – *Considérer le conflit comme malsain*

Dans ce cas, la personne admet l'existence du conflit mais porte un jugement moral sur celui-ci.

L'évaluation se substitue à la compréhension.

L'entreprise est considérée comme le lieu du rationnel et le conflit n'y a pas sa place. Il existe un parti pris de ne pas en parler, afin qu'il ne se développe pas.

Malheureusement, c'est assez généralement le contraire qui se produit, puisque faute d'être analysé et traité, le conflit se transforme en rumeurs et induit des prises de position du plus grand nombre.

3 – *Admettre la réalité du conflit et en méconnaître la nature*

Vous percevez bien quelques tiraillements avec des collègues mais vous ne pouvez en préciser l'origine et la nature.

C'est à partir de ce stade qu'une grille d'analyse et des outils sont nécessaires pour surmonter la situation de blocage.

4 – *Reconnaître la réalité et la nature du conflit mais en sous-estimer l'importance*

Ceci conduit le plus souvent à ne rien faire ou à remettre à plus tard sa résolution.

Le simple désaccord va ainsi se transformer en conflit, voire en guerre de tranchées.

5 – *Repérer le type de conflit et se croire impuissant*

La personne connaît l'origine et la nature du conflit.

Les attitudes caractéristiques de cette forme de méconnaissance sont l'agitation ou le surmenage.

Elle ne s'engage pas dans un processus de résolution car elle estime ne pas en avoir les moyens (manque de temps, faible influence...).

6 — *Identifier le type de conflit et choisir une mauvaise option.*

La stratégie adoptée pour résoudre le conflit s'avère inefficace.

Ce type de méconnaissance procède d'une mauvaise analyse du problème, ou encore d'un choix non judicieux des moyens à mettre en œuvre.

CONSEILS ET OUTILS POUR DEVELOPPER SON EFFICACITE PERSONNELLE

Identifier les différents types de conflit

Face à un conflit, les risques principaux sont de dramatiser la situation ou, au contraire, de la considérer comme secondaire. La typologie que nous vous soumettons a pour objectif de vous donner les moyens d'identifier les conflits, de préciser leur nature afin d'y apporter une réponse appropriée. Cette grille de lecture part des conflits les plus simples pour se terminer par les conflits les plus complexes.

1 — *Le conflit pour voir*

Description : Cette forme de conflit prend son origine chez le jeune enfant : il pose des questions sans fin à son entourage, qui ne sait pas toujours lui répondre.

C'est la période des éternels « pourquoi ». Au-delà du contenu de la réponse, l'enfant interroge l'adulte afin de vérifier s'il va être capable de réagir.

Les adultes développent eux aussi ce comportement avec tous les artifices et les subtilités que leur procure la maîtrise du langage.

Interprétation : L'objectif est de tester le pouvoir de l'autre à savoir sa capacité d'influence, son niveau d'expertise, ses aptitudes relationnelles...

Cela ressemble généralement à des jeux ritualisés ou à des passes d'armes.

Illustration : Monsieur Dupont a pris ses nouvelles fonctions de responsable du service informatique depuis quinze jours.

Une personne de son équipe vient le trouver et lui demande son avis sur un dossier délicat.

En fait, ce subordonné a déjà son opinion sur la question mais son objectif non avoué est de se rendre compte par lui-même de ce que vaut le nouveau chef.

Les conflits pour voir concernent aussi bien deux personnes de même rang hiérarchique que deux personnes aux statuts dissemblables. Dans ce second cas, les précautions de forme sont généralement plus grandes.

Risques : Perte de la considération, de l'estime ou du respect des autres.

2 — *Le conflit instrumental*

Description : Ce sont les désaccords plus ou moins profonds concernant le choix des moyens à mettre en œuvre, ou les méthodes.

Interprétation : Si l'accord existe sur la finalité, le choix des moyens pose un problème.

Ce type de conflit est fréquent et il serait anormal qu'ils n'apparaissent pas.

La diversité des points de vue en est très souvent la cause.

Illustration : Dans un atelier d'usinage, deux contremaîtres entrent en conflit sur l'achat de la future machine à commande numérique.

Jacques souhaiterait que l'entreprise opte pour un matériel de conception allemande qui, selon lui, répond bien aux contraintes de production et d'entretien.

Jean-Louis préfère le matériel de conception japonaise, selon lui, plus évolutif...

Riques : Peut être interprété comme une incapacité à déléguer (avec un collaborateur) ou un manque d'ouverture (avec un collègue).

3 — *Les conflits sur les objectifs*

Description : Cette forme de conflits peut concerner la définition des enjeux, les projets d'un service, ou d'une division ou d'une entreprise.

Nous employons généralement l'expression « combat des chefs » pour caractériser ce type de situations.

Interprétation : Nous entrons là dans les conflits de pouvoir, que ce soit le pouvoir d'expertise ou le pouvoir d'influence.

Les conséquences pour l'avenir d'un des deux protagonistes seront grandes, car le « territoire » ne se partage pas toujours.

Un conflit de moyens peut quelquefois masquer un conflit sur les objectifs.

Illustration : Deux managers s'opposent à partir d'objectifs contradictoires. Le premier prétend que la priorité est d'améliorer la qualité des produits, le second qu'il s'agit de réaliser des économies substantielles.

Risques : – l'une des deux personnes se retire,

– celui qui perd sabote l'action de l'autre,

– politique du « wait and see » jusqu'à ce que l'autre fasse une erreur.

4 – *Le conflit de personnes*

Description : Il n'est pas ici question d'opposition sur les moyens ou les objectifs.

Deux tempéraments s'affrontent et le « courant ne passe pas ».

Les stratagèmes habituellement utilisés sont l'ironie mordante de préférence en public, la provocation...

Interprétation : Les différences de style ou de manière d'être sont bien souvent à l'origine de cette forme de conflits.

Illustration : Au cours d'une pause à la cafétéria et alors qu'une dizaine de personnes sont regroupées, Jean s'adressant à la cantonade dit : « vous ne connaissez pas la dernière du bureau d'études »... alors que le responsable de ce service est présent.

Risques : – oblige quelquefois l'entourage à prendre parti et à choisir son camp,

– appelle généralement une revanche,

– les protagonistes s'engagent dans des jeux manipulatoires,

– crée une ambiance de travail détestable.

5 – *Les conflits sur les valeurs*

Description : Nous abordons maintenant le type de conflit le plus grave.

La contradiction porte sur les valeurs, les croyances ou les schémas de réference de la personne.

Généralement, un conflit de valeurs implique un conflit de personnes, alors que l'inverse n'est pas vrai.

Celui qui conteste les valeurs de l'autre, remet en cause sa légitimité de pensées et d'opinions. Il nie le droit à la différence.

Interprétation : Il ne survient généralement pas brusquement, car les rituels sociaux nous interdisent de rentrer directement dans ce type de relations.

Toute une série d'autres conflits ont émaillé les relations entre ces personnes. Le conflit de valeurs représente une sorte d'aboutissement.

Illustration : Un jeune ingénieur de production, très ambitieux souhaite introduire la micro-informatique pour gérer les pièces usinées des différents ateliers.

Pendant six mois, il se heurte aux résistances des contremaîtres habitués à leur manière de faire.

Un beau jour le conflit éclate et il demande à l'un des contremaîtres : « quelle est votre vision de l'entreprise ? » « je ne pense pas que nous partagions le même souci de l'efficacité ? » etc...

Risques : — Généralement, ce type de conflits laisse des traces psychologiques,

— difficultés à coopérer par la suite.

6 — *Le conflit expressif*

Description : Nous avons à faire à un conflit de personnes, qui ne peut directement s'exprimer, en raison des distances hiérarchiques ou des habitudes sociales.

Un substitut est donc trouvé sous forme de personne (bouc émissaire) ou de champ (critique de l'entreprise en général).

Interprétation : Très proche des conflits de personnes et de valeurs, il est beaucoup plus difficile à identifier et nécessite une certaine perspicacité.

Il renseigne sur un malaise profond, quant aux modes de communication, de l'organisation et à la répartition des pouvoirs.

Illustration : C'est l'exemple courant du service où l'ensemble des collaborateurs « jouent » à critiquer systématiquement l'entreprise, ses projets, ses choix politiques... alors que ce reproche devrait s'adresser à leur propre patron et, plus généralement, à la façon dont le travail est organisé.

Risques : — Très importants car le conflit est difficile à repérer et à contrôler,

— Provoque le développement de rumeurs,

— à un effet démobilisateur.

Les trois premières formes de conflit présentent un aspect négociable. Au-delà, la négociation risque de s'apparenter à un règlement de compte. Aussi est-il souhaitable de toujours revenir à l'une des trois premières formes.

La triple dimension de la négociation (3)

L'origine du mot négociation vient du mot latin « negociatio » qui signifie négoce. La négociation est donc l'une des formes de commerce.

En fait, elle représente une situation où les motivations sont mixtes. D'un côté, il existe un souci d'optimiser ses gains et d'emporter la mise. De l'autre, une volonté de maintenir un climat de confiance et des relations de coopération avec le partenaire.

Le langage n'est pas neutre. Selon que nous privilégions l'un ou l'autre des aspects, nous utilisons les termes d'adversaire ou de partenaire.

Le processus de négociation masque trois dimensions qui interagissent en permanence comme le montre la figure 3.8 :

– la dimension distributive qui concerne la répartition des ressources, l'obtention de gains, le partage du pouvoir, de symboles ou de statut ; elle concerne le contenu de la négociation ;

– la dimension intégrative renvoie au processus et au déroulement de la négociation (on pourrait dire à la méthode) ;

– enfin, la dimension relationnelle, c'est-à-dire la façon dont chacun vit et se représente les actions de l'autre.

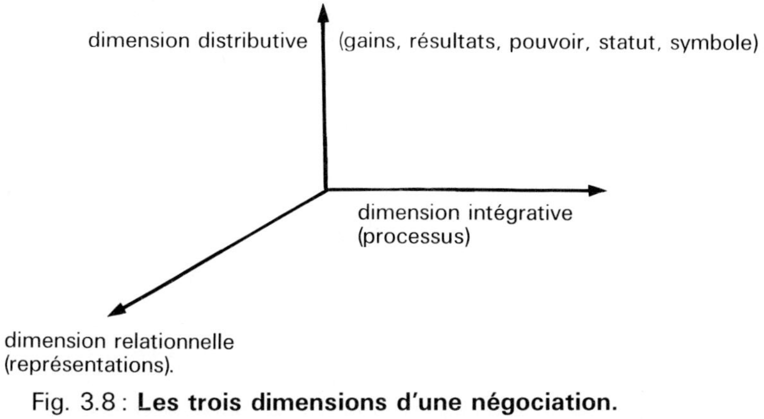

Fig. 3.8 : **Les trois dimensions d'une négociation.**

(3) : Ce schéma emprunte partiellement aux travaux de Walton et Mac Kersie.

Chacune de ces dimensions concourt au résultat final et à la recherche d'un compromis réaliste.

1 – *La dimension distributive*

La théorie des jeux nous fournit un modèle utilitariste qui peut nous éclairer sur la diversité des processus de négociation.

Il existe d'une part « les jeux à somme nulle ». Dans ce cas, le fait d'obtenir des gains élevés réduit d'autant les chances de votre adversaire.

Il nous semble que ce type d'approche ne peut rendre compte de l'ensemble des situations de négociation.

D'autre part, nous pouvons rencontrer également des jeux dit « à somme non nulle ». Dans ce cas il est possible que les partenaires réalisent simultanément des gains, perdent tous les deux ou que l'un gagne plus que l'autre. Cette seconde approche implique des attitudes créatrices et de coopération.

La négociation se définit alors comme *la recherche et la création de solutions positives pour les deux parties,* qui permettent d'entretenir des *relations futures.*

Nous résumons les différences entre ces deux approches de la négociation dans le tableau 3.9.

CRITERES / TYPE DE JEUX	JEUX A SOMME NULLE	JEUX A SOMME NON NULLE
Finalité	maximiser ses gains	définir des solutions communes et acceptables pour les deux parties.
Attitude par rapport à l'information	• faire de la rétention d'information • prêcher le faux pour savoir le vrai	• partager l'information • rechercher une identité de langage • jouer cartes sur tables.
Tactiques	• jouer la montre • insinuer • manipuler • rhétorique (faire de la) • dissimuler • user l'autre • persuader, argumenter	• innover, créer
Nature des relations	courtoises, tendues ou conflictuelles	coopératives
Niveau de stress	élevé	moyen ou faible
Relations futures	incertaines	stables
Point clé	défense des positions	affrontement sur des intérêts

Fig. 3.9 : **Différences entre jeux à somme nulle et à somme non nulle**

Dans toute négociation il importe que le manager fasse un choix préalable et se situe clairement par rapport à l'une ou à l'autre de ses approches.

Toute relation de négociation implique une réflexion préliminaire.

La négociation « à somme nulle » implique de se situer au niveau des positions et de chercher à modifier celles de l'adversaire.

Tout négociateur est placé en face d'une double contrainte qu'il cherche à éviter et qu'illustre la figure 3.10. :

— Accepter les exigences de l'autre, ce qui transformerait la négociation en une soumission aux positions de l'autre. Cette issue s'avère impossible pour des raisons psychologiques (esprit de compétition, volonté de s'imposer).

— Maintenir sa propre position, ce qui peut conduire à la rupture de la négociation et donc à l'échec pour les deux parties.

Supposons une situation de négociation à deux qui porte sur les salaires.

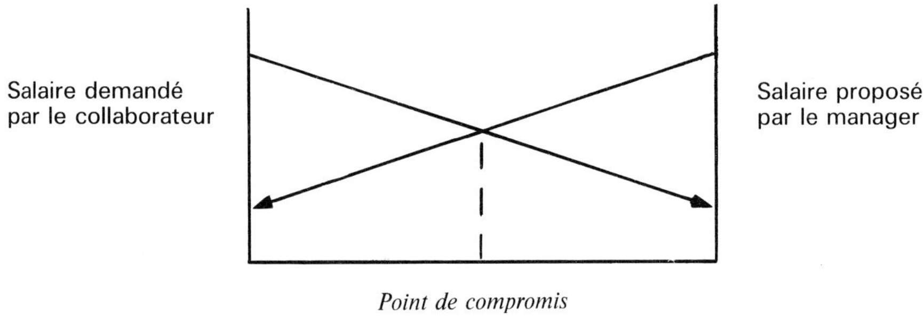

Fig. 3.10 : **La double contrainte dans une négociation à somme nulle.**

Pour le collaborateur, il existe deux risques potentiels :

— maintenir sa position et s'entendre dire qu'il n'est pas indispensable,

— accepter la position de son manager mais se sentir injustement rémunéré de ses efforts et rechercher un nouvel emploi.

Le manager doit chercher à éviter deux écueils :

— satisfaire totalement son collaborateur ce qui peut créer un précédent ou le mettre en porte-à-faux par rapport aux consignes de son service du personnel,

— perdre un collaborateur efficace.

L'un et l'autre sont obligés de trouver un point de compromis et d'équilibre.

La stratégie du négociateur consiste alors à modifier les positions initiales de l'autre et donc ce qu'il juge acceptable ou inacceptable. Il utilisera pour cela des tactiques de persuasion, développera son argumentation et soulignera les points faibles des positions de l'autre.

A l'opposé, dans le cas d'une négociation à somme non nulle, trois critères doivent être satisfaits :

– créer une solution acceptable pour les deux parties,

– ne pas inspirer de sentiments de regrets ou une impression de défaite,

– s'engager sur une solution qui ne sera pas remise en cause.

Nous allons développer dans le paragraphe qui suit les points clés et les conditions à respecter pour réussir une négociation gagnante/gagnante.

2 – *La dimension intégrative*

Nous nous situons à présent au niveau du processus et dans le cas d'une négociation à somme non nulle.

Bien que la situation de négociation s'apparente à bien des égards à une situation de résolution de problèmes, nous avons pris notre parti de ne pas parler des outils utilisés dans ce contexte (4) :

Cinq conditions doivent être remplies pour aboutir à un résultat :

– être motivé,
– s'informer mutuellement,
– utiliser un langage commun,
– être créatif,
– examiner les conséquences pratiques de ses choix.

Etre motivé – La motivation constitue un élément clé car les situations de négociation créent l'illusion perceptive que les difficultés sont insurmontables. Mieux vaut s'abstenir de négocier si l'on n'est pas motivé.

Les négociateurs chercheront avant tout à créer un climat de confiance.

S'informer mutuellement – Les deux partenaires ont besoin de disposer de la même base d'informations. Par informations nous entendons les éléments factuels, mais également la vision que chacun a du problème.

Il est possible que les négociateurs soient amenés à évoquer leurs craintes et leurs sentiments. Si tel est le cas la relation en sera d'autant plus renforcée :

(4) : Nous renvoyons le lecteur à la section intitulée « le pouvoir de décider ».

– en acceptant d'être authentique moi-même, j'invite mon interlocuteur à en faire autant.

– elle permet aux intéressés d'exprimer les sentiments négatifs qui les auraient empêchés d'entrer dans une relation efficace.

Utiliser un langage commun – Les situations de négociation ont quelquefois du mal à démarrer ou à progresser car il n'y a pas accord sur le sens des mots.

Il s'agira également de rester aussi concret que possible et de prendre des exemples.

Etre créatif – Nous n'avons pas pour objectif de présenter les différentes méthodes de créativité (5). Aussi ne rappellerons-nous que les principes généraux.

A ce stade les qualités d'improvisation sont essentielles. Il s'agit de se livrer à un exercice de libre association où les suggestions des uns rebondissent sur celles des autres. Cette pratique porte le nom de remue-méninges. Pour que celui-ci soit efficace, les participants doivent :

– bannir toute forme de jugement,
– rechercher la quantité,
– dire les choses comme elles viennent.

L'important est de pouvoir dégager au moins deux solutions à partir desquelles va se structurer la phase suivante.

Une variante du remue-méninge consiste à dessiner une carte mentale à partir de l'objet de négociation (voir la figure 3.11) :

Dans un premier temps, les deux personnes procèdent par association par rapport au différend. Puis elles associent au second degré, etc.

Dans un second temps, un effort de synthèse, de regroupement et de rationalisation est fait, afin d'exploiter ce matériau brut.

(5) : Voir pour cela l'ouvrage de Christie Ravenne, « *Recherche et innover en groupe* » Editions ESF, Paris.

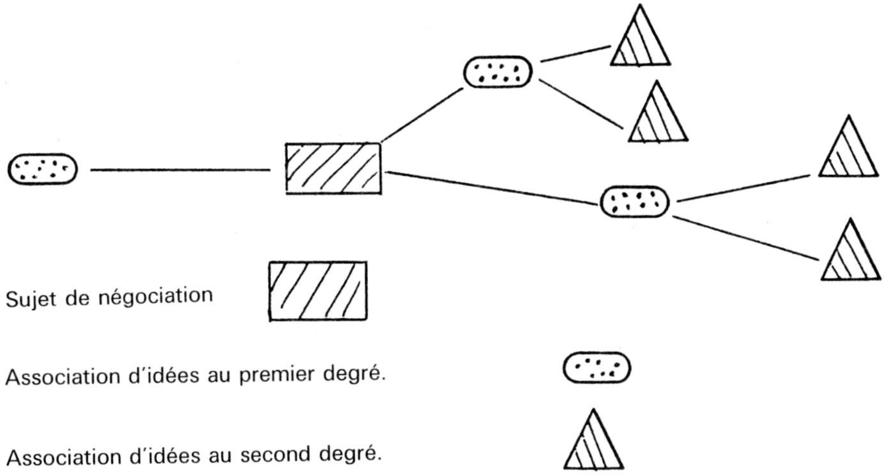

Figure 3.11 : **Remue-méninges et négociation.**

Examiner les conséquences pratiques de ses choix

Après la phase de production d'idées, il s'agit de choisir celle qui satisfait le mieux les intérêts des parties en présence.

Pour cela, les solutions seront examinées dans leurs conséquences pratiques positives comme négatives.

Nous avons rassemblé dans la figure 3.12 une série de conseils portant sur la dimension intégrative pour vous permettre de réussir dans vos négociations.

ATTITUDES EFFICACES	ATTITUDES INEFFICACES
Exprimer sa vision personnelle du problème	Faire des efforts importants alors que l'on a peu envie de négocier.
Prendre des exemples, illustrer.	Instaurer de longs silences.
Se montrer sincère, authentique et inviter l'autre à en faire autant.	Donner le minimum d'informations à l'autre.
Manifester une écoute bienveillante pour les aspects insoupçonnés du problème.	Porter un jugement sur la vision que l'autre a du problème.
Exprimer ses peurs sans se justifier.	L'interrompre le plus souvent possible.
Chercher à jouer.	Traiter les sentiments de l'autre avec compassion et ironie.
Pratiquer l'humour.	Prêcher le faux pour savoir le vrai.
Produire le plus possible de solutions.	S'en tenir exclusivement à l'aspect rationnel du différend.
	Rester général et impersonnel.
	Rechercher à tout prix la bonne solution.
	Conserver une attitude normative : « c'est bon, c'est pas bon ».
	Rester centré sur la solution que l'on avait a priori.
	Garder le plus possible son sérieux.

Fig. 3.12 : **Attitudes efficaces et inefficaces en cours de négociation.**

3 – La dimension relationnelle

Elle comprend deux facteurs essentiels :

– la légitimité que l'on se reconnaît et que l'on reconnaît à l'autre,
– les attitudes de base de la négociation.

La légitimité – Toute personne qui négocie acquiert une représentation de l'autre, de ses qualités, de ses défauts et de sa valeur.

C'est en grande partie notre langage corporel qui renseigne l'autre sur notre attitude à son égard.

La négociation efficace implique d'avoir une image positive de l'autre et de lui renvoyer cette image qui constitue un gage de confiance et de bonne foi.

Reconnaître l'autre comme légitime revient à accepter tels quels ses valeurs, ses positions et sa morale.

La notion de légitimité peut être représentée à l'aide du schéma 3.13.

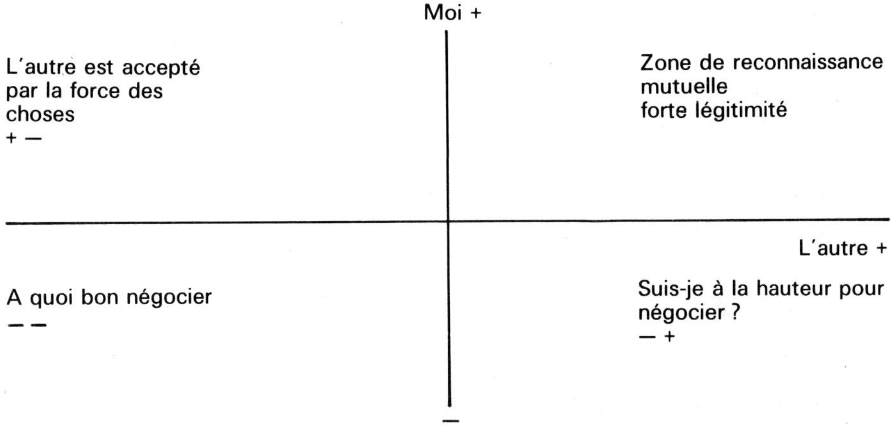

Fig. 3.13 : **Les représentations de l'autre dans la négociation.**

Les attitudes de base de la négociation

Il existe cinq attitudes de base qui interviennent au cours d'un processus de négociation. Chacune d'entre elle présente des avantages et des inconvénients que nous allons décrire.

Aucune de ces attitudes n'est en soi meilleure que les autres. Elle s'avère plus ou moins adaptée aux situations que nous rencontrons.

1 — *L'attitude de domination* (figure 3.14)

Elle se fonde sur le désir de satisfaire ses propres aspirations aux dépens de l'autre, considéré comme un adversaire qu'il s'agit de dominer. Cette attitude va de pair avec un esprit de compétition.

AVANTAGES	INCONVENIENTS
• permet de maximiser ses gains dans l'immédiat • fait respecter les intérêts et priorités de son service • peut aboutir à un résultat rapide • constitue une démarche claire	• alimente la rancœur et le désir de vengeance chez l'autre • risque de rupture des relations • crée des relations difficiles par la suite • risque d'entrer dans le cycle des relations sauveur-persécuteur-victime.

Fig. 3.14 : **Avantages et inconvénients de l'attitude de domination**

2 – *L'attitude de confrontation* (figure 3.15)

Elle traduit le désir de satisfaire pleinement les aspirations de l'autre et les siennes en réalisant leur intégration.

Les deux personnes cherchent à aboutir à un accord réaliste qui prend en compte leurs intérêts et attentes respectives. Nous sommes dans l'univers de la coopération et de la négociation.

L'attitude de confrontation ne signifie pas le partage des gains en deux mais plutôt une relation où les deux acteurs estiment qu'il y a une prise en compte de leur intérêt (peut-être dans des proportions différentes).

AVANTAGES	INCONVENIENTS
• permet d'obtenir des décisions de qualité • l'accord obtenu est durable et respecté • les relations traduisent un haut niveau de confiance • améliore les communications quotidiennes • donne à chacun la possibilité de défendre ses intérêts	• attitude naïve dans certains cas • peut-être inadaptée si les enjeux sont trop importants • inappropriée s'il y a peu (ou rien) à négocier • se méfier des tendances utopiques qui poussent à une décision inapplicable ou inutile • Consomme du temps et de l'énergie • peut susciter l'insécurité

Fig. 3.15 : **Avantages et inconvénients de l'attitude de confrontation**

3 – *L'attitude de compromis* (figure 3.16)

Elle marque une préférence pour la réalisation de concessions mutuelles. Ce qui distingue cette attitude de la précédente est un souci élevé de l'équité et la tendance à « couper la poire en deux ».

AVANTAGES	INCONVENIENTS
• permet d'entretenir des relations fondées sur le respect mutuel. • peu coûteuse en temps. • facilite les communications. • crée un esprit de conciliation.	• suscite des solutions peu créatives. • donne lieu à des solutions « nègres-blancs ». • provoque des réactions de marchandage. • donne l'impression qu'on ne se « mouille pas ».

Fig. 3.16 : **Avantages et inconvénients de l'attitude de compromis**

4 – *L'attitude d'apaisement* (figure 3.17)

Elle correspond au désir de satisfaire les aspirations de l'autre en renonçant aux siennes propres.

La recherche de la paix sociale accompagne généralement cette attitude.

AVANTAGES	INCONVENIENTS
• adaptée quand le « jeu n'en vaut pas la chandelle ». • calme et rassure l'autre. • privilégie la qualité des relations sur la recherche d'un bénéfice. • représente un gage de bonne volonté.	• peut apparaître comme un geste de faiblesse. • celui qui a cette attitude passe pour une « poire ». • le conflit est éludé et remis à plus tard.

Fig. 3.17 : **Avantages et inconvénients de l'attitude d'apaisement**

5 – *L'attitude de retrait* (figure 3.18)

Elle reflète une indifférence vis-à-vis des aspirations de l'autre ou des personnes concernées.

Celui qui l'adopte prend du recul par rapport à la situation.

AVANTAGES	INCONVENIENTS
• appropriée si la personne est indirectement concernée par le conflit.	• risque d'apparaître comme du « je m'en foutisme ».
• permet aux personnes impliquées de régler elles-mêmes le problème.	• le conflit n'est pas traité.
• est source d'économie de temps et d'énergie dans le cas d'un individu non concerné ou sans pouvoir.	• il existe un risque d'entrer dans un processus d'escalade.
• permet de prendre du recul par rapport à la situation.	• engendre après coup un sentiment de dévalorisation chez la personne qui adopte cette attitude.

Fig. 3.18 : **Avantages et inconvénients de l'attitude de retrait.**

Nous résumons les cinq attitudes de base intervenant dans les processus de négociation à l'aide du schéma 3.19.

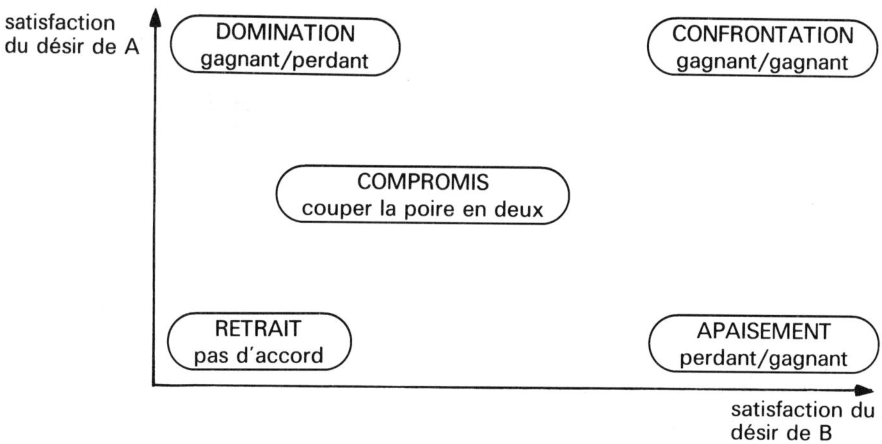

Fig. : 3.19 — **Schéma général sur les attitudes en cours de négociation**

La place des conflits dans les organisations

Le conflit occupe une place particulière dans le champ de l'entreprise. Il est tour à tour vécu comme malsain ou bien rejeté. Il est pourtant une donnée inhérente à toute organisation sociale pour une série de raisons différentes illustrées par la figure 3.20 :

- le développement des zones d'expertise,
- l'opposition des objectifs et des intérêts propres à chaque fonction,
- la nécessité de rompre avec le taylorisme pour développer les synergies
- la restructuration des organisations, entraînant une nouvelle donne des pouvoirs.

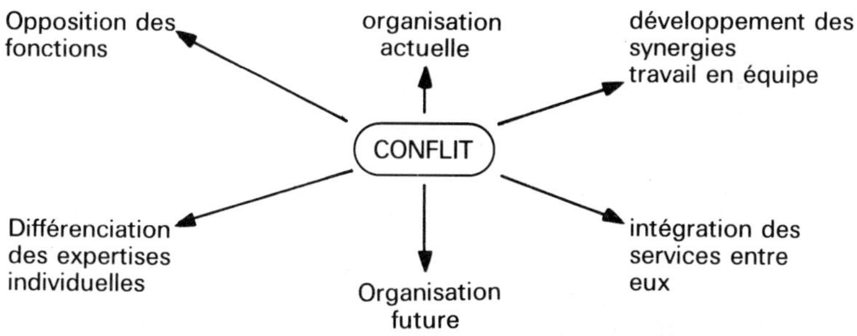

Fig. : 3.20 : **Les sources des conflits dans l'organisation.**

L'objet que se fixe toute entreprise n'est plus « comment réduire le nombre ou la fréquence des conflits ? », mais « comment gérer le plus efficacement possible les conflits ? ».

Nous pouvons formuler l'hypothèse que les entreprises performantes sont celles qui intègrent le mieux cette dimension et qui disposent d'un encadrement apte à maîtriser ce type de situations. Le manager joue dans ce contexte un rôle décisif.

Les comportements de négociation ne représentent pas un acte naturel, ceci est d'autant plus vrai que la tradition culturelle française pousse à légiférer et à se protéger derrière les textes.

Les conflits inter-individuels sont le moteur du changement et concourent à une forte intégration des énergies de l'entreprise et à une meilleure adaptation aux contraintes de son environnement.

Le point de vue de beaucoup d'entreprise même si il n'est pas clairement exprimé, se résume par l'idée que les conflits doivent être traités à chaque échelon de la ligne hiérarchique afin d'éviter le recours à un médiateur ou à un expert.

QUESTIONS CLES A SE POSER

• Quelles sont parmi les questions suivantes, celles que vous vous posez avant d'entrer en négociation ? (prenez pour cela un exemple personnel).

– La situation se prête-t-elle réellement à une négociation ? ☐
– La négociation représente-t-elle pour moi un moyen efficace ? (elle ne constitue pas une fin en soi). ☐
– Ai-je intérêt à rechercher un accord ? ☐
– Ai-je intérêt à pratiquer une négociation dure ou une négociation coopérative ? ☐
– Suis-je prêt à payer le prix d'une négociation dure ? ☐
– Ai-je intérêt à recueillir l'avis des autres et décider seul ? ☐
– Ai-je intérêt à exercer mon pouvoir sans consulter les autres ? ☐
– Ai-je réellement envie de négocier et suis-je prêt à assumer les attitudes que cela implique ? ☐
– Ai-je une représentation positive de mon interlocuteur ? ☐
– Existe-t-il une différence de statut entre nous ? Cela risque-t-il d'influencer la négociation ? ☐

• En prenant un exemple de situation conflictuelle que vous avez vécue personnellement, quelles sont les attitudes que vous avez adoptées ?

domination	
confrontation	
compromis	
apaisement	
retrait	

Quels avantages et quels inconvénients présentait cette attitude selon vous ?

Avantages *Inconvénients*

Auriez-vous pu adopter une attitude de rechange ?

Si oui, quels auraient été ses avantages et ses inconvénients ?

• Quelles sont généralement les réactions de vos interlocteurs quand vous négociez ? (pensez à plusieurs exemples)

• Avez-vous tendance à privilégier :

L'obtention de gains ☐

ou

le maintien de relations de qualité ☐

• Réfléchissez à plusieurs exemples et indiquez la ou les formes de conflit auxquelles vous avez le plus souvent à faire face :

conflit pour voir	
conflit instrumental	
conflit sur les objectifs	
conflit de personnes	
conflit sur les valeurs	
conflit expressif	

Quel(s) enseignement(s) personnel(s) en tirez-vous ?

LE POUVOIR DE S'AFFIRMER

Nous n'aborderons dans cette section que les difficultés de relations entre managers et représentants du personnel et non la question plus large de la négociation sociale.

Dans les séminaires d'entreprise que nous animons, les cas concrets à résoudre concernant les représentants du personnel sont nombreux. Ce qui s'avère significatif est la manière souvent indirecte et allusive dont sont abordés les sujets à traiter.

De façon générale, les relations du personnel procèdent par sous-entendus et a priori, et ce n'est qu'avec la plus grande circonspection que nous acceptons de lever un coin du voile sur ce sujet encore tabou.

Il y a à cela plusieurs raisons.

• En premier lieu, une histoire des luttes sociales encore présente dans les esprits et qui pousse à concevoir les relations avec les partenaires sociaux comme un rapport de force.

Dans cet ordre d'idée l'expression « partenaires sociaux » apparaît bien sibylline.

• En second lieu, la confrontation de rationalités et légitimités différentes.

Le manager nommé par l'entreprise a pour vocation d'atteindre les objectifs qui lui sont fixés aves les moyens humains et matériels mis à sa disposition. Il s'inscrit donc dans une perspective d'efficacité.

Le représentant du personnel a pour rôle de veiller au respect de certaines règles, conventions et lois, et de représenter au mieux les intérêts de ses mandants dans le cadre de négociations. Sa légitimité peut être interne (délégués du personnel et membres de CE sont élus) ou externe (les représentants syndicaux sont désignés).

Ce sont les dysfonctionnements internes à l'entreprise et les écarts par rapport aux résultats prévus qui conduisent les uns et les autres à établir des relations contradictoires.

• En troisième lieu, une surdétermination d'origine légale et conventionnelle qui restreint les possibilités d'entente et la recherche d'accords informels.

De ce point de vue, on cherche plus à satisfaire la loi qu'à établir des liens efficaces.

• Enfin, le souci de « faire plus » que ce qu'exigent les groupes institutionnels respectifs par lesquels manager et représentant du personnel sont mandatés.

Le manager est enclin à surinterpréter et renforcer les consignes et directives données par sa propre hiérarchie.

Parallèlement, le représentant du personnel agit d'une façon identique par rapport à ses électeurs ou son syndicat.

La relation manager-représentant du personnel masque en fait une relation à quatre, traduite par la figure 3.21.

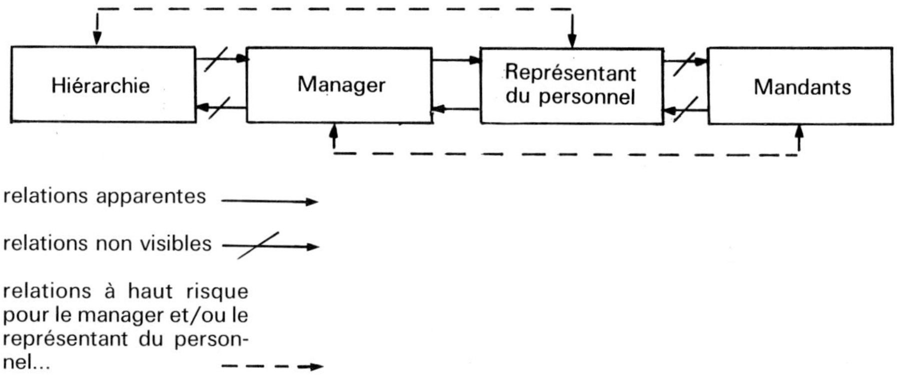

Fig. 3.21 : **Relations apparentes et relations cachées**

Les deux situations à haut risque sont les suivantes :

– pour le manager, celle où la hiérarchie traite en direct avec le responsable du personnel, ce qui équivaut à un désaveu ;

– pour le représentant du personnel, celle où les salariés expriment le désir de négocier directement avec la hiérarchie et considèrent l'« élu » comme non représentatif (cas des grèves spontanées).

Manager et représentants du personnel ont deux intérêts communs :

– un intérêt commun « négatif » qui consiste à ne pas perdre la confiance du groupe social qu'ils représentent ;

– un intérêt commun « positif » consistant à faire dégager des compromis réalistes acceptables pour eux et les groupes dont ils sont l'expression.

PRINCIPALES FORMES DE MECONNAISSANCES

Nous en avons dénombré six.

1 – *Considérer les représentants du personnel comme des ennemis héréditaires*

Force est de constater qu'il subsiste des entreprises dans lesquelles le climat social est extrêmement tendu. Dans ce contexte, les représentants du personnel font généralement l'objet de toutes sortes de pressions et quelquefois de processus d'exclusion.

La hiérarchie a tendance à surinterpréter les consignes qui lui sont données. On entend couramment des phrases comme :

« il faut choisir son camp... », ou encore : « la meilleure défense, c'est l'attaque... »

Ce profil d'entreprise et de manager est caractérisé par :

– les attitudes binaires : on est « pour » ou « contre »,
– l'importance très grande accordée à la loyauté comme qualité du manager,
– un contrôle tatillon,
– des phénomènes de rétention d'information,
– une agitation et un surmenage fréquents chez les managers (3e degré dans les attitudes passives).

La méconnaissance porte en ce cas sur la personne et son droit à exercer un rôle social.

Les signes annonciateurs de difficultés relationnelles ne sont pas perçus et encore moins analysés.

2 – *Contester la légitimité des représentants du personnel et redéfinir leurs rôles*

Une situation représentative de ce type de méconnaissance est celle du manager qui s'étonne qu'un membre du CE outrepasse ses pouvoirs : « qu'il gère les œuvres sociales d'accord, mais qu'il s'occupe du plan de formation, ça non ! ».

Bien souvent cette forme de méconnaissances provient d'un mélange de préjugés et d'ignorance quant aux rôles des représentants du personnel.

Par rapport aux méconnaissances précédentes, la différence réside dans le fait qu'on se montre prêt à reconnaître l'autre, à la seule condition qu'il accepte de se cantonner dans le rôle limité qu'on lui prescrit.

Les comportements que nous observons chez les managers sont les suivants :

– chercher à avoir raison,
– des attitudes de pinaillage,

– une tendance lourde à évaluer et à poser des questions comme :
« de quel droit me demandez-vous ça ?
pourquoi me posez-vous cette question ? »
– enfin, une écoute sélective.

Nous obtenons ainsi un scénario de relations où les représentants du personnel se font colporteurs d'informations que la direction a judicieusement distillées. Peu de questions de fond sont posées. Au débat d'idées se substituent des demandes d'informations complémentaires.

La reconnaissance sociale du représentant du personnel passe par l'acceptation d'une faible influence comme le traduit le propos suivant :

« Vous savez chez nous les délégués du personnel sont constructifs, d'ailleurs ils ne se font pas remarquer ! »

La méconnaissance concerne les rôles sociaux et les possibilités d'action que l'on accepte de reconnaître aux autres.

3 – *Pratiquer l'amalgame des genres*

Membres élus du comité d'établissement, délégué syndical représentant syndical, délégué du personnel, tous incarnent aux yeux du manager le même personnage redoutable et persécuteur.

Cette tendance à l'amalgame trouve son origine, d'une part dans la pratique du cumul des mandats, d'autre part dans la relative sous-information sur les attributions de chaque type de représentant du personnel.

La tentation est grande pour le manager d'adopter une attitude uniforme indépendante de son interlocuteur et donc inefficace.

Moins graves que les méconnaissances vues plus haut, elles n'en sont pas moins préjudiciables dans la mesure où les représentants du personnel s'avèrent très scrupuleux sur le chapitre du respect de leurs prérogatives et spécificités.

Ce type de méconnaissances donne lieu à des maladresses qui, lorsqu'elles remontent dans les « hautes sphères », peuvent coûter cher au manager concerné.

4 – *Ne pas oser traiter avec les représentants du personnel* (pour ce qui relève de ses responsabilités)

En ce cas le manager ne se reconnaît pas le droit de... Cette forme de méconnaissance se révèle très fréquente.

En entreprise, elle correspond à des réflexions telles que : « Vous savez, les relations à trois, ce n'est pas facile, alors je laisse la direction s'arranger avec les syndicats, j'ai bien assez de mes problèmes ! »

Cette attitude est généralement dommageable, car si elle traduit un abandon d'un de ses rôles de manager, elle s'accompagne généralement d'un abandon plus général de ses responsabilités humaines et sociales.

Ce type de méconnaissance peut conduire à moyen terme vers une remise en cause de sa place et de son rôle de manager. Nous avons à faire à une méconnaissance de ses possibilités réelles d'action.

5 – *Admettre les représentants du personnel et ne pas savoir comment s'affirmer*

Nous sommes en présence d'attitudes qui sont généralement assimilées à un manque de confiance.

La crainte d'une stratégie de face à face fait opter pour une stratégie qui alterne la soumission et l'agressivité. Les choses sont dites à moitié afin de se réserver une porte de sortie. Elles peuvent être interprétées selon les cas tantôt dans un sens, tantôt dans l'autre.

Ainsi Bernard, responsable des expéditions, n'a pas jugé utile de définir des règles précises quant à l'utilisation des heures de mandat de l'un de ses collaborateurs, Pierre, qui occupe des fonctions de délégué du personnel.

Les choses suivent leurs cours jusqu'au jour où Bernard demande à Pierre de se charger d'une réparation urgente sur la machine XT 104 et que Pierre rétorque qu'il a l'intention ferme de consacrer son après-midi à son mandat...

La méconnaissance porte sur l'ignorance de ses qualités et aptitudes personnelles à résoudre soi-même la difficulté (au moment opportun).

6 – *Ne pas trouver le style de relations efficace avec les représentants du personnel*

Ce type de manager considère les représentants du personnel comme des interlocuteurs dignes de confiance. Il connaît leur pouvoir et les siens. Malheureusement il ne trouve pas le ton juste pour établir avec eux des relations efficaces.

Il cherche à faire plaisir alors qu'il vaudrait mieux mettre le problème sur la table. Il affiche une intransigeance extrême alors qu'une simple information suffirait...

Nous sommes en présence ici d'une méconnaissance sur le choix des options efficaces (nous entendons par option le style de relation que nous adoptons avec les autres).

Les six formes de méconnaissances décrites suivent un ordre logique : les deux premières sont liées à nos valeurs personnelles et les dernières à un manque de savoir-faire et de savoir-être.

Nous vous proposons à présent une série de conseils pratiques.

CONSEILS ET OUTILS POUR DEVELOPPER SON EFFICACITE PERSONNELLE

Nous privilégierons six points qui nous semblent décisifs dans le contexte économique et social actuel :

– s'informer des attributions et spécificités des différents représentants du personnel ainsi que des limites de leurs attributions,
– définir des règles du jeu,
– oser être soi-même,
– utiliser un langage orienté vers l'action,
– raisonner en termes de résolution de problèmes,
– distinguer styles et intentions.

Ces différents points sont présentés dans un ordre hiérarchique, c'est-à-dire qu'il nous paraît difficile, voire impossible, de définir des règles du jeu sans disposer d'une information préalable sérieuse sur les différentes instances représentant le personnel.

De la même manière l'utilisation d'un langage actif contribue à raisonner plus facilement en termes de résolution de problèmes.

Chacun de ces points, ou la combinaison de plusieurs d'entre eux, apporte une réponse aux différentes formes de méconnaissances décrites précédemment.

1 – S'informer des rôles et spécificités des différents représentants du personnel

La confusion des genres et des rôles est l'un des pièges dans lequel peut tomber le manager.

De façon générale le manque d'informations constitue une cause majeure des méconnaissances.

Ce paragraphe a pour objectif de clarifier les missions essentielles de chaque type de représentant. Il ne constitue pas un exposé exhaustif sur le sujet.

Les délégués syndicaux

Ils sont désignés par leur organisation syndicale. Ce sont les seuls qui tirent leur légitimité de leur propre organisation et donc de l'extérieur de l'entreprise.

La section syndicale représente les intérêts matériels et moraux de ses membres.

Elle est habilitée, d'une part à présenter des revendications, d'autre part à négocier des solutions collectives avec l'employeur (par exemple une convention d'entreprise ou l'issue d'un conflit collectif de travail).

L'existence de délégués syndicaux n'est pas rendue obligatoire par la loi.

La constitution d'une section syndicale crée en fait la possibilité de désigner un délégué syndical.

Les délégués du personnel

Ils ont une origine légale et obligatoire dans toute entreprise d'au moins onze salariés. L'employeur est tenu d'organiser les élections. Leur mandat est d'un an et renouvelable.

Leur mission se circonscrit aux réclamations individuelles et collectives portant sur :

– les salaires,
– l'application du code du travail,
– le respect des conventions et accords collectifs de travail applicables dans l'entreprise.

Ils peuvent saisir l'Inspecteur du Travail de toutes plaintes ou inobservations relatives à l'application des principes légaux et réglementaires.

En l'absence de comité d'entreprise, les délégués du personnel exercent leurs attributions économiques et professionnelles.

Le comité d'entreprise

Il a également une origine légale. Toute entreprise de plus de cinquante salariés est tenue d'organiser des élections.

Le comité est constitué du chef d'entreprise, qui en est le président de droit, et d'un nombre variable de titulaires et de suppléants (qui dépendent de l'effectif de l'établissement ou de l'entreprise).

Les attributions du C.E. sont doubles :

– il exerce un rôle consultatif sur les questions intéressant la gestion technique, économique et financière de l'entreprise, pour lesquelles il est obligatoirement informé et consulté (plan de formation, emploi, contrats jeunes, fusion ou cession d'entreprise, augmentation de prix, politique de recherche) ;

– il assure un rôle de gestionnaire en matière culturelle et sociale.

Les membres du C.E. sont élus pour deux ans.

Le tableau synoptique 3.22 reprend les principales particularités de chacune des instances.

INSTANCES / CRITERES	DELEGUES SYNDICAUX	DELEGUES DU PERSONNEL	MEMBRES DU COMITE D'ENTREPRISE
Mode de nomination	désigné	élu	élu
Durée du mandat	1 an	1 an	2 ans
Légitimité	existence d'une section syndicale légitimité externe	obligation légale	obligation légale
Seuil effectif	au moins 50 salariés	au moins 11 salariés	au moins 50 salariés
Heures de mandat	10 h à 20 h/mois selon effectif	15 h/mois	20 h/mois
Attributions	• revendications individuelles et collectives • habilité à négocier	• litiges survenant dans l'exécution du contrat • respect des procédures légales et réglementaires	• rôle consultatif en matière économique et sociale • rôle de gestion à des œuvres sociales et culturelles • consulté sur plan de formation et questions concernant les jeunes
Pouvoir	de négociation	de contrôle sur le respect des procédures légales et contractuelles	rôle consultatif

Fig. 3.22 : **Attribution et pouvoirs des différentes instances représentatives du personnel.**

Nous pouvons constater que les délégués syndicaux possèdent un droit à négocier et à représenter les salariés sur les plans économique et social.

le délégué du personnel dispose, quant à lui, d'un pouvoir de contrôle par rapport aux différents textes, qu'ils soient d'origine contractuelle ou légale.

Les membres du C.E. exercent un rôle consultatif sur toute une série de questions.

2 – **Définir des règles du jeu**

La définition de règles du jeu entre le manager et le représentant du personnel peut paraître bien superflue dans la mesure où des textes d'origine légale ou conventionnelle (plus une jurisprudence) définissent et précisent les modalités d'application de leurs droits.

Dans la pratique, nous constatons la place importante prise par les usages propres à chaque entreprise, ainsi que des différences entre les organisations.

Enfin, n'oublions pas notre tradition légaliste qui nous pousse à faire par la loi, comme la loi l'a prévu, en accord avec la loi... malheureusement sans résultat.

Il nous paraît plus efficace de convenir de certaines règles simples plutôt que de se réfugier derrière des textes.

– Cela permet d'établir une première forme de dialogue entre les intéressés. Définir des règles du jeu communes n'est-il pas une forme de négociation après tout ?

– Il est possible de mieux tenir compte des contraintes commerciales et/ou de production.

– Les règles du jeu constituent une base de référence en cas de désaccord ou de conflit.

– Elles permettent de préciser à quel titre s'exprime le représentant du personnel : en tant que membre d'une équipe ou en tant que délégué du personnel.

Les points qui peuvent faire l'objet d'une définition des règles du jeu sont les suivants :

– Définition des périodes d'absences, qu'elles soient utilisées à l'intérieur ou à l'extérieur de l'entreprise,

– affectation d'un lieu de réunion,
– définition des modes et des lieux d'information,
– précision des possibilités formelles ou informelles de s'entretenir avec un délégué du personnel, un représentant syndical ou un membre du comité d'établissement,
– mode d'information réciproque,
– définition de l'attitude en cas de litige, désaccord ou conflit.

Pour produire ses effets, une règle doit satisfaire à cinq critères :

– être applicable,
– être utile,
– être contractuelle,
– être protectrice,
– être souple.

Reprenons un à un ces différents critères.

Si la règle va trop à l'encontre des habitudes et de la culture d'entreprise elle ne donnera pas de résultats.

Méfions-nous également des règles dont chacun sait qu'elles ne servent à rien, autant en faire l'économie !

La règle ne doit pas être source de dysfonctionnements. Au contraire, elle permettra de prévoir les absences et de mieux les gérer.

La règle sera discutée, controversée et étudiée dans ses conséquences pratiques par le manager et le représentant du personnel.

Bien sûr, le représentant du personnel bénéficie d'une protection légale. La protection dont il est question fait référence à un engagement moral et personnel du manager par rapport à lui.

Enfin, la règle est souple : au lieu de constituer un carcan dont chacun essaie de s'échapper, elle ne fait qu'entériner le cours naturel des choses.

3 – **Oser être soi-même**

L'image que se fait le manager du représentant du personnel le conduit bien souvent à survaloriser le pouvoir de ses interlocuteurs ou tout au contraire à le nier.

Ces deux attitudes nous semblent en soi profondément inefficaces. Nous vous suggérons d'y substituer une approche plus réaliste qui consiste en premier lieu à recenser vos propres droits et bien sûr ceux de votre interlocuteur.

Prenons l'exemple des relations entre Jacques, directeur commercial, et Fernand, membre titulaire du comité d'établissement.

Zone de légitimité de Fernand

- Demander des informations sur le futur plan de formation,
- Obtenir les résultats concernant la marche de l'entreprise,
- Donner son avis sur la nouvelle politique commerciale.

Zone de légitimité de Jacques

- Décider d'une nouvelle politique commerciale,
- Redécouper les secteurs,
- Décider de nouvelles embauches,
- Sanctionner les performances de ses collaborateurs.

Ces deux zones de légitimité semblent a priori ne pas soulever de difficulté particulière.

En fait, ce qui compte c'est la façon dont elles sont vécues par chacun des protagonistes.

Trois scénarios très différents peuvent se présenter.

Premier scénario : « je ne reconnais pas à l'autre les droits qui sont les siens ». La distance entre eux est à son maximum.

Les attitudes les plus souvent observées de part et d'autres sont :

– la rétention d'information,
– les comportements manipulatoires (prêcher le faux pour savoir le vrai),

– le chacun à son poste et dans son rôle,
– la pratique du tout ou rien.

Second scénario : « je ne reconnais chez l'autre que ce que la loi lui confère ».

C'est le scénario le plus fréquent.

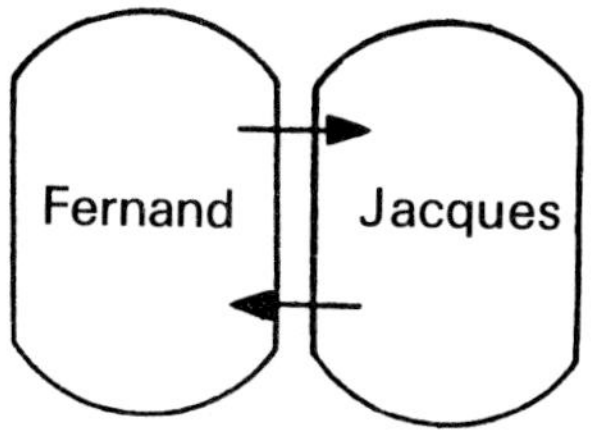

Nous sommes en présence de deux personnes qui souhaitent coexister au moindre coût. Les attitudes caractéristiques sont :

– Respect scrupuleux des règlements et procédures,
– Chacun des deux s'autocensure.

Fernand n'ose pas poser à Jacques certaines questions sur la marche de l'entreprise.

Jacques se demande à quoi bon donner toutes ces informations qui ne sont pas rendues obligatoires par la loi.

- les vraies questions ne sont pas toujours abordées,
- le formalisme l'emporte sur l'état d'esprit.

Le troisième scénario est celui des relations contractuelles.

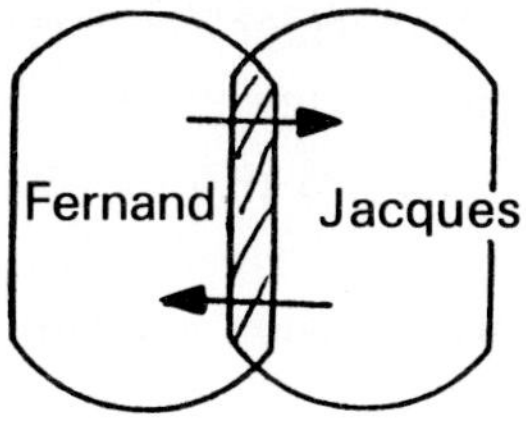

Fernand et Jacques ont des intérêts communs, sans pour autant perdre leur spécificité.

Fernand ose demander, il pose des questions et propose des solutions.

Quant à Jacques, il recueille l'avis de Fernand tout en gardant à l'esprit son rôle de décisionnaire.

Il n'est pas possible de passer du premier au troisième scénario. Le second scénario représente une étape intermédiaire.

L'initiative de ce changement de relations appartient au seul manager en raison de la pression exercée par les normes statutaires et hiérarchiques.

Les conseils pratiques de la figure 3.23 ont pour objectif de vous permettre de fonder des relations de confiance avec vos représentants du personnel.

1 - Respecter ce que la loi a prévu car, outre l'aspect légal, cela peut être vécu comme une remise en cause de l'identité de votre interlocuteur (fréquence des réunions, compte-rendu).
2 - Ecouter est un signe de considération pour votre interlocuteur, être capable de reformuler ses idées est mieux.
3 - Noter les questions et y répondre par la suite.
4 - Demander à votre interlocuteur à quel titre il s'exprime afin de clarifier les positions et les objectifs de chacun.
5 - Chercher plutôt « à mettre carte sur table », qu'à camoufler vos intentions.
6 - Etre ferme sur vos positions si vous les estimez justes et si elles respectent les droits de votre interlocuteur.
7 - Dialoguer sur la base de faits et non de jugements de valeur.
8 - Considérer l'autre, non en tant qu'individu, mais comme représentant (l'intimité des relations ne doit pas aboutir à masquer certains rapports de force).
9 - Examiner les conséquences de vos actions et vous demander si vous êtes prêt à en payer le coût.
10 - Avoir une représentation positive de l'autre.

Fig. 3.23 : **Conseils pratiques pour développer son efficacité personnelle avec les représentants du personnel.**

De tous ces conseils, le dernier est certainement le plus difficile à mettre en œuvre, car il nécessite de renverser la perception que l'on a de l'autre et de remettre en cause ses propres schémas de référence.

4 – Utiliser un langage orienté vers l'action : le modèle DSF

Les relations avec les partenaires sociaux sont très chargées affectivement. Les enjeux pour le manager se définissent en termes de :

– productivité,
– amélioration de la qualité,
– capacité de réaction aux événements,
– niveau d'engagement des collaborateurs.

Pour les représentants du personnel, les enjeux se présentent en termes :

– d'amélioration des conditions de travail,
– de recherche de la sécurité,
– de maintien d'avantages acquis,
– de droit à l'information,
– de défense d'un statut.

Les uns et les autres ne se situent pas toujours forcément sur le même plan. A l'engagement et à la recherche de l'excellence chez les premiers répond le souci d'optimiser les conditions matérielles et d'ambiance du travail chez les seconds.

Quel que soit le sujet de désaccord, il importe de se situer sur un plan qui permette d'obtenir des résultats et donc de déboucher sur des compromis réalistes.

Le modèle DSF (déclaratif – statif – factif) distingue trois niveaux à partir desquels s'effectuent toutes nos transactions.

• Le niveau déclaratif regroupe tout ce qui présente une connotation affective et normative forte pour la personne : idées politiques, convictions religieuses, morale, idéaux...

Il n'est pas toujours fait référence explicitement à ces valeurs, mais chacune des personnes les a présentes à l'esprit.

Sur le plan verbal, nous pouvons repérer ce niveau par l'utilisation des verbes tels que : prétendre, estimer, devoir.

En se positionnant à ce niveau, le manager a toutes les chances d'entrer dans un phénomène d'escalade.

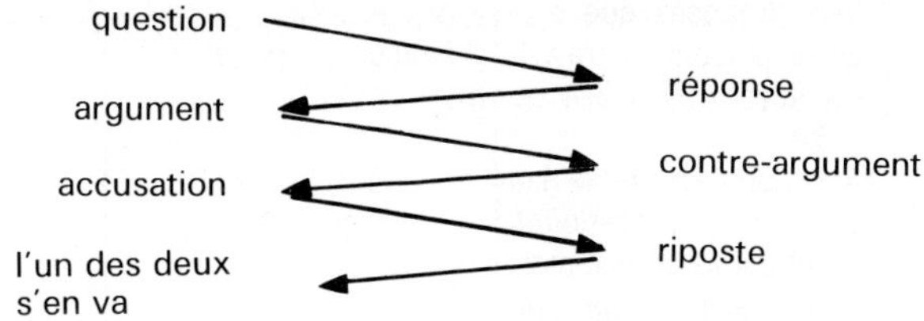

Les valeurs auxquelles adhère une personne doivent être considérées comme légitimes, y compris et surtout, si elles entrent en contradiction avec les nôtres.

• Le niveau statif concerne le savoir-être. Sur le plan linguistique, il se caractérise par l'utilisation de verbes tels que être, avoir, généralement suivis de qualités ou de défauts.

Les attaques personnelles, les boutades, l'ironie mordante jusqu'à l'humiliation publique relèvent de cette dimension.

Enfin, le niveau factif correspond au domaine de l'observable et du mesurable.

Nous utilisons des verbes d'actions, quand nous nous exprimons à ce niveau.

Voici un exemple qui illustrera la spécificité de chacun de ces niveaux et les effets qu'ils provoquent chez l'interlocuteur.

Contexte : un délégué syndical suggère, au cours d'un entretien, d'introduire le travail à temps partiel pour certaines femmes de l'équipe où il travaille.

Il existe trois façons distinctes de réagir, représentées par la figure 3.24 :

	COMPORTEMENT DU MANAGER	INTERPRETATION PAR LE REPRESENTANT DU PERSONNEL	REACTION DU REPRESENTANT DU PERSONNEL
Niveau déclaratif JUGER	Vous vous estimez représentatif des problèmes de ce service ? Vous voulez tout réformer comme d'habitude !	Il refuse de me reconnaître comme son interlocuteur et remet en cause l'idée même de ma représentation.	Fuite, riposte, jeu des questions/réponses.
Niveau statif ETRE	Vous avez encore eu une idée originale !	Il porte un jugement sur ma personne et non sur ma proposition. Il ne m'écoute pas.	Il peut reformuler sa proposition, ou bien, attaquer directement la personne du manager.
Niveau factif FAIRE	Vous proposez que certaines personnes travaillent désormais à 3/4 de temps. Examinons ensemble les conséquences pratiques de votre idée (bonne marche du service, coût, respect des contraintes...).	Il m'a écouté ; il accepte d'étudier ce projet avec moi.	Coopération.

Fig. 3.24 : **Les trois niveaux d'expression.**

5 – Raisonner en termes de résolution de problèmes

Dans leurs relations avec les représentants du personnel les managers ont tendance à s'arc-bouter sur leurs positions. La communication ressemble alors davantage à une guerre de tranchées. N'a-t-on pas d'ailleurs recours à un langage militaire et guerrier :

- « ne rien leur céder » (sous-entendu pas un pouce de terrain)
- « riposter à la première attaque »
- « défendre ses positions » — etc.

Il nous semble plus efficace de passer de la défense de ses positions à une pratique fondée sur la résolution de problèmes. En un mot il faut choisir entre « attaquer les positions des autres et se satisfaire du débat d'idées » ou « chercher à s'en sortir à deux ».

Reprenons l'exemple précédent :

Contexte : Dans une société électronique, Hélène, opératrice, demande à passer d'un plein temps à un trois quarts de temps pour des raisons personnelles.

Dans un premier temps, elle s'est adressée directement à son manager mais celui-ci a affirmé ne rien pouvoir faire pour elle.

Dans un second temps elle a informé son délégué du personnel. Celui-ci a eu une entrevue avec le manager d'Hélène :

Manager : — « Vous savez bien qu'il est tout à fait impossible d'envisager des changements d'horaire de travail car cela nuirait à la bonne marche du service !

Délégué du personnel : — Cette personne souhaite pouvoir consacrer plus de temps à ses enfants et vous vous refusez à prendre en compte l'expression de ses besoins !

Manager : — Les impératifs de production passent avant tout !

Délégué du personnel : — que faites-vous de la vie familiale de cette personne ? » etc.

A cette série de transactions inefficaces, nous proposons de substituer l'approche en termes de résolution de problème.

Dans cette perspective, cette querelle devient :

« Comment transformer un poste à plein temps en trois quarts de temps sans nuire à l'efficacité du service ? »

Les avantages de l'approche par objectifs sont les suivants :

- se centrer sur le problème à résoudre et non sur les positions,
- isoler le problème précis à traiter,

- créer un dénominateur commun,
- dédramatiser la situation,
- éviter de rechercher un coupable ou fautif.

Il nous reste maintenant à aborder le dernier point : la distinction entre styles et intentions.

6 – Distinguer styles et intentions

Les relations en entreprise obligent chacun à distinguer ses intentions et la façon dont il les exprime socialement.

Il est nécessaire que tout manager effectue une réflexion stratégique (les résultats qu'il veut obtenir, ses techniques de rechange en cas d'échec) avant de traiter avec les représentants du personnel.

Mais c'est une erreur que d'adopter une apparence formelle par trop fidèle à ses intentions. L'efficacité managériale conduit à associer « fermeté des intentions » et « souplesse du mode d'expression de celles-ci ».

Beaucoup de petits conflits quotidiens peuvent ainsi être évités d'une part grâce au respects porté à son interlocuteur, d'autre part en évitant d'entrer dans des processus d'escalade.

QUELQUES QUESTIONS A SE POSER

Nous terminons par une série de questions qui nous paraissent fondamentales concernant le thème des relations avec les représentants du personnel. Chaque manager y apportera une réponse particulière qui tienne compte de son environnement et de ses caractéristiques propres.

Notre objectif est de faire sentir au lecteur un aspect essentiel pour l'amélioration de ses relations interpersonnelles.

– Êtes-vous capable de distinguer les rôles et fonctions des différents partenaires sociaux (délégués du personnel, membres du C.E., délégués syndicaux) ?

– Quand vous êtes dans une situation difficile avec un représentant du personnel, quelle attitude adoptez-vous ?

☐ * je défends ma position car je ne souhaite pas être désavoué par ma direction
☐ * je pose le problème avec l'intéressé
☐ * je m'en remets à ma direction du personnel

– Quels sont, selon vous, les avantages et les inconvénients de votre attitude ?

– Quel style de relations avez-vous tendance habituellement à adopter :

☐ * relations fermes
☐ * relations amicales
☐ * relations contractuelles (je mets le problème sur la table)

– Adoptez-vous un style de relation constant ou adapté à chaque situation ?

– Lorsqu'un désaccord surgit avec un représentant du personnel, vous situez-vous (prenez plusieurs exemples)

☐ * au niveau des valeurs et des principes
☐ * ou au niveau des faits et des issues possibles à la situation

BIBLIOGRAPHIE

Le pouvoir de coopérer
– Daniel PERNIN : *La gestion des cadres,* Editions Hommes et Techniques, Paris, 1985.
– Maurice de MONTMOLLIN : *Le taylorisme à visage humain, PUF* – Sociologies, Paris, 1981.

Le pouvoir de négocier
– Roger FISCHER et William URY : *Comment réussir une négociation,* Le Seuil, Paris, 1982.
– D. CHALVIN : *L'entreprise négociatrice,* Dunod, Paris, 1984.
– Hubert TOUZARD : *La médiation et la résolution de conflits,* P.U.F., Paris, 1977.
– Roger LAUNAY : *La négociation,* Les Editions E.S.F., Paris, 1982.

Le pouvoir de s'affirmer
– D. CHALVIN : *L'affirmation de soi,* Editions E.S.F., Paris, 1984.

– Claude LEVY-LEBOYER : *La crise des motivations,* PUF, Paris, 1984.

Chapitre IV

Etablir des relations verticales efficaces

LE POUVOIR DE JUGER

L'entretien d'évaluation est de nouveau à l'ordre du jour. Faut-il y voir un simple effet de mode ou la conséquence d'une révision des pratiques économiques et sociales actuelles des entreprises ?

Quatre éléments nous poussent à retenir la seconde hypothèse :

– En premier lieu, la tendance à la réduction de l'inflation qui rend les organisations soucieuses d'une gestion financière stricte. Le poste « salaires » étant l'un des plus importants, il apparaît normal qu'il fasse l'objet d'une attention particulière.

– En second lieu, la volonté politique des entreprises de dénoncer les conventions collectives afin de réorienter leur stratégie de gestion du personnel. Dans cette négociation les clauses concernant l'automaticité de l'avancement sont alors révisées.

– En troisième lieu, nous pouvons tous faire le constat que les changements affectent notre vie quotidienne et qu'il faut apprendre à vivre et maîtriser cette nouvelle donnée. L'entretien d'appréciation apparaît alors comme le lieu où sont traitées un certain nombre d'évolutions individuelles.

– Enfin, nous passons d'une période où il s'agissait de produire plus à une période où il s'agit de produire mieux : la qualité devient un impératif incontournable.

Ces différents éléments ont contribué à créer le mouvement d'individualisation des rémunérations que nous connaissons actuellement.

Vers un dépassement des pratiques anciennes.

La pratique de l'entretien d'appréciation ne constitue pas en soi une réalité nouvelle.

Ce qui apparaît nouveau est l'accent mis sur la situation de face-à-face et la nécessité d'impliquer le collaborateur, de l'associer à sa propre évaluation, voire de négocier certains aspects de son travail avec lui. L'entretien d'appréciation ne se résume plus à un simple acte administratif et écrit ou encore à une contrainte institutionnelle.

Nous avons regroupé dans le tableau 4.1 – les différentes formes d'entretien, les niveaux d'implication correspondant et l'investissement en temps qu'elles représentent.

e
rtitude

FORME DE L'ENTRETIEN	DUREE	NIVEAU D'IMPLICATION
ABSENCE D'ENTRETIEN ou LA PRATIQUE DU SECRET		L'évaluation du collaborateur est confidentielle et écrite. Celle-ci n'est pas forcément communiquée.
L'ENTRETIEN DIRECTIF	15 à 30 minutes	L'initiative et la parole appartiennent au seul hiérarchique. Celui-ci fait lecture de ses jugements et « sentences ».
L'ENTRETIEN SEMI-DIRECTIF	30 à 60 minutes	Le supérieur recueille de façon intermittente l'avis de son collaborateur. Celui-ci subit néanmoins l'entretien.
L'ENTRETIEN PARTICIPATIF	1 heure à 1 h 30	Le jugement du supérieur est systématiquement pondéré et nuancé par celui du collaborateur ; l'un et l'autre s'expriment dans des proportions équivalentes. En cas de désaccord important sur les résultats. Le supérieur tranche.
L'ENTRETIEN CONCERTE	1 heure à 2 heures d'entretien + préparation	L'un et l'autre préparent l'entretien. Ils sont co-responsables de sa réussite ou de son échec. Les écarts de jugement et de perception sont traités. Le manager fixe seul les objectifs. Les contrats de progrès viennent du collaborateur.
L'ENTRETIEN NEGOCIE	Idem	Les trois éléments nouveaux sont : - la pratique non systématique de la négociation des objectifs ; - l'entretien fait l'objet d'un suivi tout au long de l'année ; - le manager accepte lui-même d'être évalué par son collaborateur.

rtitude

Fig. 4.1 : **Les différentes formes d'entretien d'appréciation**

Les entretiens que vous menez ne correspondent pas parfaitement à cette typologie. Ils empruntent à plusieurs des formes décrites.

L'entretien d'appréciation est un outil au service du manager. Pour qu'il produise tous ses effets positifs, il s'agit pour le manager de développer des relations qui s'inscrivent entre l'entretien semi-directif et l'entretien négocié. Celui-ci devient alors un acte de communication et de management.

Les entreprises reconnaissent à leurs managers le pouvoir de juger leurs collaborateurs, mais ce pouvoir ne doit pas être exercé de n'importe quelle manière. Subsiste le délicat problème de savoir si le manager se reconnaît à lui-même le pouvoir d'évaluer un autre.

Il est temps à présent d'étudier les principales formes de méconnaissance relatives à l'entretien d'appréciation.

PRINCIPALES FORMES DE MECONNAISSANCE

Les méconnaissances sont en relation directe avec la représentation plus ou moins claire que se fait le manager de ses rôles et fonctions. Nous en dégagerons six :

1 – *Ne pas se sentir concerné*

Le manager ne voit pas l'intérêt pour lui et son collaborateur d'une telle pratique. Parmi les propos entendus, nous pouvons citer :

« Vous savez, on se voit toute l'année et mes collaborateurs savent bien ce que je pense d'eux ! » ou « Entre les réunions d'expression des salariés et les entretiens d'appréciation, je me demande quand je pourrais effectuer mon travail ».

Il est fréquent, dans ces conditions, d'entendre le manager demander que ce soit son propre supérieur hiérarchique qui assume cette fonction.

2 – *Se soumettre à une obligation sans en percevoir les enjeux*

Voici un exemple :

« La direction du personnel m'a demandé d'avoir un entretien avec chacun de mes subordonnés. Je ne suis qu'un exécutant ».

La personne n'identifie pas clairement les enjeux pour son collaborateur :

– faire le point,
– recevoir des encouragements,
– orienter sa carrière professionnelle,
– être reconnu pour ses mérites professionnels,

et pour lui-même :

– renforcer ses liens avec ses collaborateurs,
– asseoir son pouvoir.

Il se soumet à une obligation qui consiste simplement à formaliser un certain nombre de propos sans percevoir le rôle stratégique qu'il peut jouer.

Il ne fait que transmettre les demandes de ses collaborateurs ou sa propre évaluation en ignorant les retombées que cela pourra avoir.

3 – *Ne pas se reconnaître le droit de juger les autres*

Cette forme de méconnaissance se manifeste principalement chez ceux qui se posent des problèmes d'ordre moral. La résistance à la conduite de l'entretien d'appréciation se situe alors au niveau des valeurs personnelles.

4 – *Réduire son pouvoir à l'attribution de primes et d'augmentations de salaires*

Voici quelques jugements qui illustrent cette forme de méconnaissance :

« On me demande de faire des entretiens et je ne peux rien lui promettre en fin d'année »,

ou encore :

« Après tout, croyez-vous que ça les intéresse ce que je pense d'eux ? ».

Le manager dévalorise sa fonction et peut aller jusqu'à se discréditer ou à avouer son impuissance (ou pour le moins celle qu'il perçoit).

Dans son esprit, évaluer est synonyme exclusivement de récompense financière.

5 — *Evaluer la personne et non ses performances*

Cette forme de méconnaissance relève de la maladresse, d'un manque d'expérience ou d'une sous-information.

Elle engendre généralement chez le collaborateur :

— l'accumulation des griefs,
— le scepticisme,
— et la non acceptation des critiques et remarques venant de son supérieur.

6 — *Ne pas savoir comment s'y prendre dans certaines situations difficiles*

« J'hésite à leur faire un reproche, car je ne sais pas comment cela sera ressenti ! »
ou encore :

« A quoi bon leur faire un compliment, ils sont étonnés ou ne nous prennent pas au sérieux ».

Le manager se montre hésitant à mettre en œuvre certain comportements de crainte de mal faire. La cause est à rechercher essentiellement dans un manque de pratique.

CONSEILS ET OUTILS POUR DEVELOPPER SON EFFICACITE PERSONNELLE

Nous avons regroupé nos conseils autour de sept points clés :

— les attentes et sentiments suscités chez le collaborateur par l'entretien d'appréciation,
— la référence à une unité de mesure commune,
— la phase de préparation,
— la phase d'accueil,
— la phase de bilan,
— la phase d'engagement,
— la phase de conclusion.

– Attentes et sentiments du collaborateur

Mener un entretien provoque chez les collaborateurs des attitudes ambivalentes d'espoir et de crainte.

Les attentes les plus fréquentes exprimées dans le cadre de nos séminaires sont les suivantes :

– Les possibilités d'un dialogue, mais ....
– L'occasion de faire part d'une demande.
– Etre reconnu pour ses mérites.
– Avoir un moment privilégié pour discuter.
– Faire un bilan équitable.
– Envisager son avenir professionnel.
– Se remettre en cause.
– Etre écouté.
– Prendre du recul par rapport à son travail de tous les jours.
– Connaître ses priorités.
– Savoir comment on est perçu.
–Avoir des relations plus transparentes.
–Ressortir plus motivé.

A l'opposé, l'entretien d'appréciation suscite simultanément chez les collaborateurs un ensemble de sentiments négatifs, dont voici quelques exemples :

– La crainte du monologue.
– Des réactions paternalistes.
– Des attitudes béni-oui-oui : le manager fait des prouesses de style pour éviter de prendre position.
– Etre obligé de se défendre ou de se justifier.
– Le refus de confronter les perceptions.
– La non-acceptation des remarques.
– La peur d'être attaqué personnellement.
– Une note à la tête du client.
– Une activité trop rare et isolée pour être valable.
– Un entretien sans suite.
– Une obligation légale pour l'interviewer et l'interviewé.
– Un moment difficile à passer.
– La peur d'aller trop loin.

– Une forme de règlement de comptes.
– Une mode imposée par l'entreprise.
– La crainte de ne pas connaître les règles du jeu.

Ces exemples de réactions ne sont pas le seul fait des collaborateurs. Les managers partagent le même type de sentiments et d'attentes exacerbés généralement par leur fonction hiérarchique.

L'entretien d'appréciation joue le rôle d'une loupe grossissante. Le manager efficace y trouve la possibilité d'améliorer ses contacts. Il touche en fait une sorte de « prime » avec des dividendes. Le manager inefficace se retrouve dans l'obligation de traiter un certain nombre de griefs et de conflits latents.

Concentrer dans un laps de temps aussi court (environ une heure) autant d'enjeux (avenir professionnel, considération sociale, attribution de prime ou d'augmentation de salaire, image de soi positive) accentue les risques de non communication et peut cristalliser certaines formes de mécontentement.

Nous allons étudier comment prévenir ces difficultés potentielles et y faire face.

Disposer d'une unité de référence commune

L'évaluation peut porter sur trois aspects distincts :

– sur les performances,
– sur la personne,
– sur les valeurs de la personne.

Le jugement sur les performances s'effectue indifféremment à travers des faits, des objectifs ou des contributions (cela dépendra en fait de la nature du guide d'entretien et de la philosophie de l'entreprise en la matière).

L'évaluation fondée sur une référence commune et connue permet de :

– mettre plus à l'aise les deux personnes,
– dépassionner l'entretien,
– se centrer sur l'essentiel et non sur les événements marquants les plus récents,

– réduire et traiter les décalages de perception,
– adopter un mode d'observation et d'appréciation identiques.

L'évaluation de la personne ôte toute crédibilité à l'entretien d'appréciation. Pour l'évalué, cela signifie que :

– on est soit bon, soit mauvais, sans aucune autre possibilité de recours ;
– l'entretien est une simple application de la « loi du prince »,
– il n'existe que deux attitudes possibles : se soumettre ou se révolter,
– l'entretien n'est que le prétexte à un « règlement de comptes officiel »,
– il ne sert à rien d'essayer de donner son avis.

L'évaluation des valeurs de la personne conduit directement à un conflit qui, s'il ne se manifeste pas immédiatement n'en sera que plus redoutable. Les relations entre manager et collaborateur s'en trouveront détériorées pour une période importante.
L'exemple de la figure 4.2, met en évidence les différences entre les trois formes de jugement. Il s'agit d'un entretien entre un chef d'atelier et un de ses contremaîtres.

Evaluation sur les performances	« Je constate que 2 mois consécutivement la production horaire d'armoires est tombée à 125 au lieu des 140 prévues. Je ne suis pas satisfait de votre résultat. »
Evaluation sur la personne	« Vous vous montrez incapable de réussir ce que je vous donne ! ».
Evaluation sur les valeurs	« Avec les idées qui sont les vôtres, je ne suis pas trop surpris de vos résultats ! ».

Fig. 4.2 : **Les trois formes d'évaluation**

La phase de préparation

Il est souhaitable que la préparation soit effectuée par l'un et l'autre. Elle représente un investissement : manager et collaborateur doivent se soumettre à un recueil régulier des faits et résultats significatifs obtenus tout au long de l'année. Ils peuvent à cette fin, utiliser un carnet de bord personnel.

Ils prendront note exclusivement pour la période écoulée :

– des faits essentiels,

– de ce qui se rapporte aux normes de l'évaluation,

– des initiatives prises,

– des attitudes de coopération avec d'autres services,

– de tout ce qui atteste une évolution positive par rapport à l'année précédente.

La préparation porte également sur l'année à venir et plus particulièrement sur :

– les résultats ou objectifs à atteindre pour l'année suivante,

– les contrats de progrès (1) sur lesquels les collaborateurs s'engageront,

– les remarques et suggestions concernant le style de relations entre les deux personnes.

Collaborateur et manager doivent donc se mettre d'accord sur les différents aspects retenus dans le cadre de la préparation.

De ce point de vue, la préparation constitue en elle-même un acte de négociation, ou pour le moins de coopération.

Les bénéfices d'une préparation commune sont les suivants :

– la prise d'initiatives plus fréquentes par le collaborateur,

– la possibilité que le collaborateur fasse lui-même sa propre évaluation,

– l'établissement d'une relation de confrontation fructueuse,

– un gain de temps,

– le fait d'éviter de se perdre dans des détails.

La phase d'accueil

L'attitude profonde de beaucoup de managers est d'entrer immédiatement dans la phase d'évaluation des résultats. Cette démarche nous paraît contre-indiquée pour deux raisons :

– cela provoque un sentiment d'agression chez l'apprécié,

– et contrevient à la notion même de rituel et de mise en confiance.

(1) Cette notion sera développée plus loin.

Le collaborateur a besoin d'être rassuré progressivement et de se sentir « invité » à entrer en relation.

Plusieurs options s'offrent alors au manager. Il appartient au lecteur de repérer parmi les attitudes proposées par la figure 4.3 celle qui convient le mieux à son tempérament et à ses habitudes.

- Détendre l'atmosphère par un trait d'humour.
- Aborder un sujet extérieur à la vie professionnelle.
- Se mettre à l'aise soi-même afin de mettre l'autre à l'aise.
- S'installer confortablement.
- S'isoler et se mettre à l'abri des regards indiscrets.
- S'exprimer sur un ton calme.
- Donner la parole le plus rapidement possible au collaborateur : par exemple par une question.
- Se donner les moyens de sa disponibilité : débrancher le téléphone, demander à ne pas être dérangé.
- Interroger le collaborateur sur ses sentiments et attentes relatifs à l'entretien.
- Souligner un point de vue positif recent.

Fig. 4.3 : **Options efficaces lors de la phase d'accueil.**

Il est efficace en début d'entretien de rappeler la place et le rôle de l'entretien d'appréciation dans la politique de gestion de personnel dans l'entreprise.

Ce que perçoit tout collaborateur en début de relation est le niveau d'implication personnelle de son manager et la congruence entre les propos qu'il tient et son personnage social (c'est-à-dire en tant que membre de la hiérarchie).

Pour vous affirmer comme l'ambassadeur de votre entreprise et de votre hiérarchie, vous devez :

– vous exprimer à la première personne du singulier,

– préciser les conséquences pratiques et les retombées de l'entretien.

– vous montrer normatif : « l'entretien servira à nous ... »,

– préciser les liens entre entretien d'appréciation, gestion de carrière et formation.

La phase d'accueil doit également faire l'objet d'une définition des règles du jeu ou d'un rappel de celles-ci parmi lesquelles nous pouvons citer :

– l'affirmation de la règle de co-responsabilité. Le manager participe aussi bien aux réussites qu'aux échecs de ses collaborateurs ;

– proposer un plan d'entretien ou une méthode de travail,
– préciser l'état d'esprit dans lequel va se dérouler l'entretien,
– indiquer les finalités de l'entretien :
 • se mettre d'accord sur les résultats obtenus,
 • fixer des objectifs pour l'année prochaine,
 • améliorer ses performances grâce à des contrats de progrès ;
– définir des règles de suivi de l'entretien ainsi que la fréquence des entretiens.

En début d'entretien, le malaise qui envahit le manager le pousse à certaines maladresses. Nous voudrions insister tout particulièrement sur l'une d'entre elles que l'on appelle le langage paradoxal (2).

Les expressions paradoxales ont pour caractéristique, tout en indiquant une idée, de provoquer chez l'interlocuteur la réaction inverse à celle attendue.

La figure 4.4 en propose quelques exemples.

EXPRESSIONS PARADOXALES	REACTIONS DU COLLABORATEUR
« Mettez-vous à l'aise » (dit sur un ton autoritaire).	Il se contracte.
« Vous n'êtes pas au tribunal ! ».	Il se renfrogne et suspecte certaines mauvaises intentions.
« Je vous en prie : parlons-nous franchement ».	Il redoute une manipulation.
« Vous savez, c'est un entretien comme un autre : je ne vais pas vous agresser.	Il craint une attaque en règle.

Fig. 4.4 : **Les effets des expressions paradoxales**

Le manager doit donc être vigilant au langage qu'il utilise et aux effets de certaines expressions sur son interlocuteur.

Au début de la relation d'évaluation, le manager et son collaborateur échangent des signes verbaux mais également une série d'impres-

(2) Voir pour cela P. Watzlawick.

sions visuelles, kinesthésiques et auditives par l'intermédiaire des attitudes corporelles. Chaque interlocuteur s'efforce d'interpréter ces attitudes.

Parmi celles-ci, nous retiendrons :

– la manière de s'asseoir par rapport à l'autre,
– la façon de regarder l'autre,
– les réactions de prestance,
– le rythme de la voix,
– le ton,
– certains mouvements d'agitation,
– les silences,
– les épaules creuses,
– la position des mains par rapport à la table.

L'ensemble de ces signes témoigne de la façon positive ou négative dont on se représente son rôle social mais également la représentation positive ou négative que l'on se fait de son interlocuteur.

Ils conditionnent en grande partie la nature de la relation qui va se nouer. Le schéma 4.5 résume les quatre formes de relation accompagnées des attitudes corporelles correspondantes.

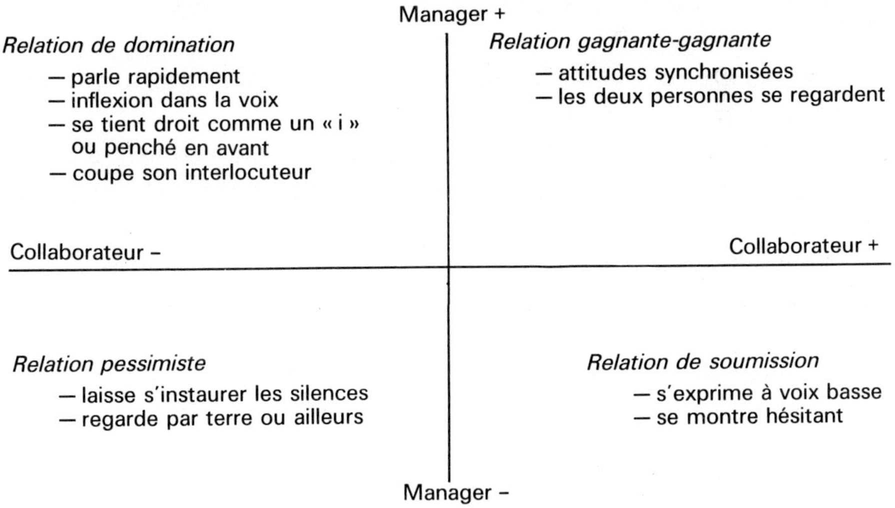

Fig. 4.5 : **Les quatre formes de relations pendant l'entretien d'appréciation**

On affirme souvent que la première impression est la bonne. Cet adage se vérifie dans le cadre de l'entretien d'appréciation et là, plus encore qu'ailleurs, le premier contact crée une empreinte et conditionne le déroulement futur de la relation.

Le manager veillera donc à être dans de bonnes conditions physiques et psychologiques avant de mener l'entretien (niveau de fatigue accumulée, niveau de stress élevé, capacité d'écoute, degré de motivation).

Se sachant faiblement disponible ou motivé, mieux vaut remettre l'entretien à une autre date plutôt que s'imposer une servitude qui sera fatalement ressentie comme telle par le collaborateur.

La phase de bilan

Nous nous intéresserons à cinq aspects précis :

– la maîtrise du processus,
– l'attitude à avoir en cas d'écart de perception sur les résultats,
– l'appréciation relative des résultats,
– la manière de formuler une critique justifiée,
– enfin, l'attitude à adopter face à une personne passive.

Le manager doit avoir le souci de laisser son collaborateur effectuer lui-même sa propre évaluation.

Cet aspect est important dans la mesure où l'on reconnaît d'autant plus facilement ses points faibles ou ses points forts que le jugement vient de nous.

Il prendra garde à ne pas interrompre son interlocuteur sauf dans les cas suivants :

– le collaborateur s'écarte du point ou de l'objectif étudié,
– le collaborateur effectue des commentaires sans fin,
– il adopte une attitude où tout est dans tout,
– il se contente de décrire les résultats.

Le manager devra alors recentrer par rapport au sujet et rappeler que l'objectif de l'entretien est d'évaluer des résultats et pas seulement d'échanger des propos amicaux.

A la fin de l'étude de chaque point, le manager reformulera les jugements de chacun. S'il y a accord entre les parties, il sera alors possible de passer au point suivant.

Il peut se produire qu'il subsiste un écart sur la perception. En ce cas, il est préférable de :

* prendre plusieurs exemples portant sur l'ensemble de l'année,
* ne pas chercher à avoir raison,
* rappeler le critère d'évaluation,
* savoir ce qui motive cette perception,
* éventuellement, chercher un terrain de compromis.

Signalons que cette situation se rencontre dans la mesure où la préparation a été faible, faite par une seule partie ou encore que chacun raisonne à partir de positions intangibles.

Les résultats sont à apprécier par rapport aux normes et objectifs convenus préalablement. Ce sont donc les écarts par rapport à ces normes qui servent de référence.

Plus qu'une mesure objective et ration alisante des résultats, l'évaluation constitue un état d'esprit. Il s'agit donc de relativiser les résultats.

Les questions suivantes vous permettront de formuler des jugements plus précis et nuancés :

* Dans quel contexte (favorable ou défavorable), les résultats ont-ils été obtenus ?

* Des changements sont-ils intervenus en cours d'année ?

* Si oui, ont-ils une incidence sur les résultats atteints ?

* Quelles sont les initiatives prises par le collaborateur ?

* Avec quelle autonomie la personne a-t-elle atteint son niveau de performance ?

* Quel est le niveau de qualité du travail fourni ?

Un cas très souvent évoqué dans nos séminaires est celui où il faut formuler une critique justifiée à son collaborateur.

Les risques dans cette situation sont que l'intéressé demande des justifications, refuse en bloc la critique, ne la prenne pas au sérieux ou encore décide de ne rien changer à son comportement.

Ce phénomène s'accompagne généralement du refus – conscient ou inconscient – chez le manager de reconnaître les réalisations marquantes et positives chez ses collaborateurs [3].

Nous vous proposons une méthode en quatre points. Chaque point revêt une importance particulière ; la figure 4.6 les détaille et indique les conséquences d'un oubli sur votre interlocuteur.

DESCRIPTION DU POINT	CONSEQUENCES EN CAS D'OUBLI
1. Décrire un fait précis et un seul (non sujet à controverse).	La personne vous met en position de vous justifier.
2. Exprimer son mécontentement ou sa colère.	Le reproche apparaît banal, voire dérisoire.
3. Suggérer, ou mieux demander à la personne de suggérer, une solution	Rien ne changera.
4. Examiner les conséquences positives (en cas de changement).	Vous risquez de ne pas être pris au sérieux.

Fig. 4.6 : **Les quatre temps d'une critique justifiée efficace.**

Exemple : « Tu m'as remis le dossier de l'affaire X avec deux jours de retard. Je suis mécontent (dit sur un ton de colère). A l'avenir si tu as des difficultés, fais m'en part immédiatement. Cela évitera de donner une image de marque négative du service à l'extérieur. »

L'un des problèmes qui se pose fréquemment au manager lors de l'entretien est l'attitude à adopter face à une personne passive.

Ce comportement peut avoir plusieurs significations :

– il traduit un sentiment de malaise ou une inquiétude chez le collaborateur ;

– il reflète une soumission stratégique : le collaborateur préfère laisser s'exprimer son manager, pour mieux maîtriser la situation ;

– Enfin, il exprime une tendance profonde de la personnalité de l'intéressé.

(3) Nous développerons cet aspect dans le chapitre 5 : « Le pouvoir de motiver ».

Les options les plus efficaces dans ce cas de figure consistent à :

– Souligner l'une des qualités du collaborateur ou commencer par l'une de ses réussites.

– Se situer sur le processus : décrire la situation présente puis demander au collaborateur ce qu'il en pense.

– Lui confier la responsabilité de remplir le guide d'entretien.

– Exprimer son sentiment personnel face à la situation créée.

– Poser une question, puis se taire.

– Parler des conséquences qu'entraînera cette situation si elle persiste.

– Ne rien dire et attendre une réaction du collaborateur (si celle-ci ne se produit pas, choisir l'une des autres options).

Nous conclurons sur cette phase de bilan en répondant à la question : « Comment rater avec sérénité l'évaluation de son collaborateur ? ». Il suffit de :

– Comparer le collaborateur aux autres membres de l'équipe.

– Raisonner en terme de tout ou rien : c'est bon ou c'est mauvais.

– Adresser des critiques longues, véhémentes et sans fondement.

– Monopoliser la parole.

– Avoir des a priori sur une personne et ne pas modifier son jugement.

– Aborder le plus tôt possible les questions de la rémunération.

La phase d'engagement : le contrat de progrès

Une tradition bien ancrée dans la culture française consiste à analyser minutieusement des résultats ou des situations, sans pour autant en tirer des enseignements concrets.

Il faut, à ce moment du déroulement de l'entretien, choisir entre s'interroger longuement avec profondeur ou s'engager sur un plan d'action précis.

La phase d'engagement remplit une double finalité :

– fixer avec l'intéressé les objectifs ou les résultats à atteindre pour l'année suivante,

– inviter le collaborateur à s'engager sur des contrats de progrès.

Une question revient régulièrement concernant la détermination des objectifs : « Sont-ils imposés ou négociés ? ».

Pour nous, ils peuvent être l'un ou l'autre. La fixation des objectifs devra faire l'objet d'une relation claire. Le collaborateur saura alors à quoi s'en tenir.

Trois cas de figure peuvent se présenter :

– Les objectifs sont imposés par le niveau hiérarchique supérieur. Le manager effectue certains commentaires mais veillera à ne pas susciter un sentiment de « négociable ».

– Le manager sollicite l'avis de son collaborateur car il sait pouvoir en tenir compte le cas échéant.

– Le manager accepte de négocier l'objectif avec toute la part d'incertitude inhérente à cette situation.

La seconde finalité aboutit à faire s'engager le collaborateur sur un contrat de progrès.

Cette notion est sous-tendue par l'idée que si une personne maintient le même niveau de performance par rapport à l'année précédente cela équivaut à une régression de son professionnalisme.

L'acceptation d'un contrat de progrès se fonde sur le respect d'une série de critères :

– le collaborateur choisit lui-même le point à améliorer,
– il sait que cela lui apportera quelque chose,
– le point est très précis et concret,
– il a envie de le faire,
– il se donne un critère de réussite,
– il fixe un délai pour faire le point.

La phase de conclusion

L'entretien s'étant bien déroulé, il s'agit alors de le terminer sur une note optimiste. Nous vous proposons les opinions suivantes :

– Rappeler les *aspects essentiels* de l'entretien : évaluation globale, engagements pris par les deux parties.

– Indiquer qu'il existe *d'autres occasions* pour faire le point en cours d'année.

– Inviter le collaborateur à donner son *sentiment* sur le déroulement de l'entretien.

– Rappeler les objectifs de *perfectionnement* et/ou les *aspirations* de l'évalué.

– Préciser éventuellement la date du prochain rendez-vous.

Tout en menant son entretien, le manager doit rester vigilant et surveiller l'évolution de l'entretien. Les critères de la figure 4.7 vous serviront d'indicateurs. Ils témoignent d'une relation efficace et de qualité :

- Vous apprenez des choses.
- Le temps de parole de votre interlocuteur est important (plus de 50 %).
- Votre collaborateur prend des engagements précis, datés.
- Il accepte vos commentaires et remarques.
- Il existe un certain mimétisme entre vos attitudes et les siennes.
- Il prend plusieurs fois l'initiative.
- Il a préparé l'entretien.
- L'entretien donne l'occasion d'aborder des aspects professionnels non prévus initialement.
- Votre collaborateur vous pose régulièrement des questions.
- Il fait lui-même sa propre évaluation.

Fig. 4.7 : **Indicateurs d'efficacité d'un entretien d'évaluation.**

QUESTIONS CLES A SE POSER

L'entretien d'appréciation constitue en premier lieu un *acte de management.* Il serait utopique d'appréhender cette situation comme neutre ou amicale.

Les *intérêts* et les *attentes* multiples qui façonnent cette relation en font une authentique *relation de pouvoir.* Le manager dispose d'un pouvoir exorbitant conféré par sa hiérarchie : celui d' évaluer l'autre. Ce pouvoir n'est pas toujours vécu comme légitime par les intéressés d'où un certain nombre de maladresses.

La puissance du manager sera amoindrie si elle ne lui est pas reconnue par son collaborateur. Celui-ci attend de son manager une démarche professionnelle marquée par un souci d'objectivité.

De son côté, le collaborateur possède une forme de pouvoir aussi redoutable : le pouvoir de s'opposer ou celui de ne rien faire.

L'un et l'autre sont condamnés à progresser et réussir ensemble...

La pratique de l'entretien d'évaluation nous amène à nous interroger sur les questions clés suivantes :

• Réfléchissez à la façon dont vous menez vos entretiens actuellement et définissez la ou les formes d'entretien d'appréciation qui s'en rapprochent le plus (voir pour cela le tableau en début de chapitre).

Quels sont les points dans votre pratique actuelle que vous pourriez améliorer ?

• Quel vocabulaire utilisez-vous habituellement ?

Sachez que certains termes comme notation, remise en cause, jugement, évoquent souvent dans l'esprit de l'apprécié un exercice unilatéral de son pouvoir.

• Quelles relations entretenez-vous avec vos collaborateurs dans le cadre d'une évaluation.

* relations amicales et détendues ☐
* relations compréhensives et fermes ☐
* relations centrées sur l'évaluation d'un résultat ☐
* relations marquées par la méfiance ☐

• Quels en sont, selon vous, les avantages et les inconvénients ?

Avantages *Inconvénients*

• En dehors de l'entretien d'évaluation annuel avez-vous d'autres occasions de faire le point en cours d'année ?

Calculez le temps que représente l'ensemble de ces occasions ; rapportez ce résultat à votre temps de travail annuel.

• Dans votre façon de conduire l'entretien d'appréciation, quelles sont les choses que vous respectez et celles que vous oubliez

	OUI	NON
* préparation		
* accueil		
* bilan		
* engagement		
* conclusion		

Comment pourriez-vous vous y prendre pour améliorer votre savoir-faire ?

• Après vos entretiens avez-vous constaté une évolution dans vos rapports avec les intéressés ?

Si oui, dans quel sens s'est manifesté cette évolution ?

• Prenez l'exemple d'un collaborateur qui obtient de bons résultats professionnels.

Lors de votre dernier entretien d'appréciation avez-vous eu tendance à lui faire plus de compliments ou de remarques négatives ?

Quel(s) enseignement(s) en tirez-vous ?

LE POUVOIR DE DELEGUER

Nous mettrons l'accent dans cette introduction sur trois aspects :

• la place de la délégation dans la vie des entreprises et la représentation que nous en avons,

• la confusion terminologique entre pouvoirs, responsabilités et tâches,

• enfin, les conséquences sociales, économiques et industrielles de la non délégation.

« Déléguer » est devenu une expression à la mode, un leitmotiv, comme si finalement cet acte de management représentait une panacée à tous les problèmes quotidiens : surchage de travail, trop grand nombre de collaborateurs à diriger, difficulté à motiver son équipe...

Quelles que soient les situations, les personnes ou les enjeux, il suffirait alors de déléguer pour obtenir les résultats prévus...

Cette attitude nous semble quelque peu utopique et excessive pour trois raisons.

– On ne délègue pas pour faire plaisir ou par souci de se conformer à une habitude mais parce que l'on estime cela réaliste et légitime pour soi et son collaborateur.

– Tous les subordonnés ne sont pas demandeurs d'un surcroît de responsabilités et d'autonomie. Il est donc important de se donner des critères pour mettre en place la délégation et choisir les situations opportunes.

– On ne délègue pas de la même manière et avec le même degré de liberté dans toutes les organisations. Il existe selon nous trois types d'organisation : pyramidale, matricielle et par centre de projet. Cette dernière est vraisemblablement celle qui offre le plus de possibilités au manager.

L'acte de délégation est certainement l'un des actes les plus anti-naturels qui soit. Dans la symbolique du pouvoir, il signifie abandonner l'idée de sa toute puissance dans ses relations à autrui.

Les freins psychologiques à la délégation sont donc nombreux et s'expriment au travers des rationalisations suivantes :

– « Comment voulez-vous que je délègue ? Je ne peux pas leur faire confiance ! »

– La délégation j'y crois, mais faut-il encore avoir le temps ! »

– « Quand une personne a atteint son seuil d'incompétence, je ne vois pas ce que peut apporter la délégation ! »

– « A vouloir rendre les gens trop compétents, ça finit par poser des problèmes ! »

Cette dernière allégation renferme le risque ressenti par tout manager : faire de son collaborateur quelqu'un d'aussi compétent que soi et susceptible de le remplacer.

Si c'est le cas, la situation ainsi créée place le manager dans l'obligation de redéfinir ses missions principales et de redimensionner son poste, idée difficile à accepter et encore moins à réaliser.

L'usage de cette expression banalisée se double le plus souvent d'une confusion terminologique. L'on finit par ne plus savoir s'il s'agit de déléguer une mission, des responsabilités ou du pouvoir.

La délégation revient à fixer un objectif, ou plus généralement une tâche, à un collaborateur. Celle-ci représente l'objet de la délégation. En ce sens la délégation peut être plus ou moins étendue.

Qui dit déléguer, dit mettre en place un système de double responsabilité :

– le collaborateur ayant accepté la délégation s'engage à atteindre l'objectif fixé,
– le manager de son côté se doit de faciliter la réussite du collaborateur.

Le processus de délégation crée une relation contractuelle.

Le manager continue à assumer ses propres responsabilités et peut se voir imputer aussi bien les échecs que les succès des membres de son équipe.

La délégation signifie co-responsabilité ; signifie-t-elle alors partage du pouvoir ?

Si nous entendons par là le fait d'initier une action, non ; car il appartient le plus souvent au seul manager de fixer (dans certains cas rares cela peut venir du collaborateur) un objectif de délégation.

Mais là s'arrête son contrôle de la situation. Il reconnaît ensuite au collaborateur une autonomie quant au choix des moyens et à la façon de les mettre en œuvre. Le collaborateur possède donc un pouvoir de décision sur la façon de parvenir au but fixé.

Cette discussion nous a permis d'éclaircir les points suivants :

– La délégation consiste à *confier des objectifs ou tâches précises.*
– En déléguant le manager assume encore *ses responsabilités.*
– En déléguant le manager reconnaît un pouvoir de décision à son collaborateur sur les moyens à mettre en œuvre.

La délégation ne représente pas un acte isolé. Pour être efficace elle doit se développer et se pratiquer tout au long de la ligne hiérarchique, sous peine d'être rendue caduque. Sa mise en place nécessite une volonté politique et un rappel régulier de ses principes de fonctionnement.

Il existe actuellement dans de nombreuses organisations des projets d'entreprise incarnant les valeurs clés des groupes qui la composent. Pourquoi ne pas imaginer un projet de délégation ?

Ne pas déléguer ou plutôt mal déléguer entraîne en premier lieu des conséquences économiques et sociales :

– *Le faible développement des potentialités internes*

L'entreprise se trouve alors contrainte de rechercher ailleurs les compétences qu'elle n'a pas su créer.

– *Les phénomènes de court-circuitage*

Le manager déléguant peu à son collaborateur direct intervient fréquemment dans les relations entre celui-ci et son collaborateur au second degré.

Nous ne soulignerons jamais assez les dégâts que produit cette attitude en termes de démotivation et de déresponsabilisation chez le « court-circuité ».

– *Le renforcement des spécialistes et des territoires*

L'absence de délégation aboutit à une situation où chacun se satisfait de son niveau de compétence : chacun son métier et chacun à sa place.

Nous pouvons noter que là où la délégation est faible, les procédures sont généralement très présentes.

– *La disparition de la prise de risques ou l'excès de prise de risques*

La prise de risques pour être efficace doit s'accompagner de la définition de règles du jeu. Or, nous verrons un peu plus loin que l'une des conditions à remplir pour développer les compétences de ses collaborateurs est l'affirmation de règles du jeu transparentes.

Ne pas déléguer ou mal déléguer engendre en second lieu des conséquences individuelles dont les principales sont :

– l'augmentation de son niveau de stress,
– la difficulté à se définir des priorités,
– le sentiment d'être indispensable à l'entreprise et à son poste.

Les comportements de non-délégation c'est-à-dire de centralisation des décisions sont fréquents.

Mais, pour être plus précis, ce sont les comportements de mauvaise délégation que nous observons le plus souvent.

Nous allons donc nous attacher à examiner les principales formes de méconnaissance dans le processus de délégation.

DESCRIPTION DES PRINCIPALES FORMES DE MECONNAISSANCE

Les différentes formes de méconnaissance se répartissent tout au long d'un axe dont les deux extrêmités sont la centralisation et la surdélégation.

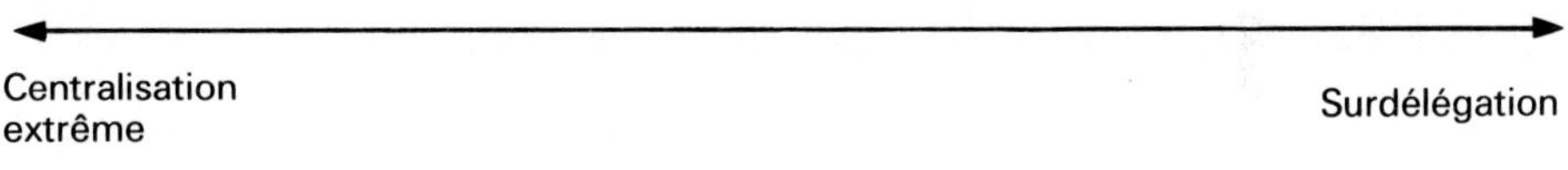

La centralisation extrême exprime le refus viscéral de déléguer et se manifeste par un contrôle permanent et persécuteur.

Le collaborateur interprète cette attitude comme un manque de confiance à son égard.

La surdélégation renvoie à des attitudes laxistes qui font que la personne ayant reçu délégation ne sait plus à quoi s'en tenir par excès d'autonomie. Le processus de délégation se métamorphose alors en une prise de risque incontrôlée.

Nous nous centrerons principalement sur les cinq formes de méconnaissance intermédiaires qui rendent compte du plus grand nombre de cas de figures.

1 — *Déléguer sans tenir compte du niveau de compétence et de motivation de son collaborateur*

Le processus de délégation s'exerce de façon aveugle, au détriment du manager et du collaborateur.

Si celui-ci reçoit une mission pour laquelle il est peu préparé et a peu d'expérience, il se retrouvera dans une situation à haut risque.

S'il est faiblement motivé, cela rejaillira à coup sûr sur sa performance.

2 — *Laisser un flou sur la mission qui fait l'objet de la délégation*

L'objectif n'est pas clairement défini. Il s'ensuit chez le collaborateur un sentiment d'inquiétude.

Dans sa forme la plus extrême nous sommes en présence d'un cas de surdélégation.

3 — *Déléguer sans préciser le niveau d'initiative et d'autonomie*

Cette forme de méconnaissance s'accompagne quelquefois d'un contrôle tatillon.

Le manager n'indique pas l'aide qu'il est susceptible d'accorder à son collaborateur.

4 — *Déléguer sans exercer ses responsabilités normatives*

Le manager n'a pas prévu de mode de contrôle. Il ne fait pas le point et place son collaborateur en condition d'insécurité psychologique. Dans ces conditions, il est difficile d'évaluer la performance réalisée.

5 — *Développer des attitudes paradoxales*

Cela équivaut à adresser deux messages contradictoires à son interlocuteur, chacun conservant sa logique propre.

En voici quelques exemples :

— exprimer oralement sa confiance et exercer un contrôle tâtillon ;
— affirmer tenir compte des compétences de son collaborateur et lui fixer en permanence des défis,
— encourager la prise de risques sans définir de règles du jeu.

Quel que soit l'exemple considéré le collaborateur se trouve confronté à deux messages, l'un verbal, l'autre comportemental.

Il s'en suit que le collaborateur retient celui qui se manifeste le plus concrètement et qui présente généralement une connotation négative.

Les attitudes paradoxales répétées provoquent un rejet des situations de délégation chez le collaborateur.

Mettre en place un système de délégation efficace n'est pas chose aisée. Il s'agit de respecter un certain nombre de conditions que nous allons étudier à présent.

Nous développerons un certain nombre de points-clés entr'aperçus dans la description de ces formes de méconnaissances.

CONSEILS ET OUTILS POUR DEVELOPPER SON EFFICACITE PERSONNELLE

Il est temps d'apporter au lecteur une définition du processus de délégation : la délégation consiste à établir une relation contractuelle reposant sur les trois éléments suivants :

– Le manager fixe à son collaborateur un objectif réaliste et motivant.
– Il reconnaît à son collaborateur le choix des moyens.
– Enfin, il convient avec lui d'un système de contrôle.

La délégation ne produit pas toujours les résultats escomptés et réserve parfois certaines surprises.

Nous avons isolé les principaux pièges dans lesquels le manager peut tomber en répondant aux huit questions de la figure 4.8.

QUI est à l'origine de la délégation ?	Le collaborateur enthousiaste propose d'atteindre un objectif. Le manager vit cela comme une situation de concurrence. Il se sent dépossédé de son bien.
QUOI ou sur quoi repose la délégation	• L'objectif fixé est sans relation avec les priorités du service • La tâche est mal délimitée • Derrière les mêmes mots chacun entend ce qu'il veut bien comprendre.
A QUI s'adresse la délégation	• Le manager délègue à une personne manifestant un faible engagement professionnel et peu soucieuse de se remettre en cause.
POURQUOI choisir la délégation ?	• Le manager cherche à se débarrasser d'une tâche ennuyeuse et le fait sentir à son collaborateur. • Personne n'a voulu de ce travail et le manager a désigné quelqu'un. • Le manager est acculé par une surchage de travail et se retrouve contraint à déléguer.
OU pratiquer la délégation	Vous arrivez dans un service où les personnes ont toujours été considérées comme de superexécutants et du jour au lendemain vous voulez changer cet état de fait.
QUAND, ou le choix du moment	Le collaborateur est en face d'un grand nombre de priorités. Il a l'esprit ailleurs.
COMMENT effectuer le contrôle des résultats ?	• Le manager exerce un contrôle continu et/ou imprévu. • Le manager laisse aller la situation au fil de l'eau.
COMBIEN de fois dans l'année ?	• Déléguer exceptionnellement fait appréhender cette situation comme dangereuse pour le collaborateur. • Déléguer de façon continue ôte toute crédibilité au manager. Après tout, « à quoi cela sert-il ? » s'interroge le collaborateur.

AVEC QUELS RESULTATS ?	Eviter soigneusement de mettre en place un système de contrôle. Cela est tout à votre honneur et prouve que vous avez un sens moral ! Grâce à cela, vous ferez l'économie de tous compliments ou critiques justifiées.

Fig. 4.8 : **Les pièges qui rendent caduque la délégation.**

La réussite d'une délégation oblige à prendre en compte un certain nombre d'aspects regroupés dans le schéma 4.9 et qui sont :

- disposer d'une photographie commune,
- délimiter l'objectif,
- préciser le niveau d'autonomie,
- s'inscrire dans une relation d'aide,
- identifier les compétences et les motivations du collaborateur,
- définir le mode de contrôle.

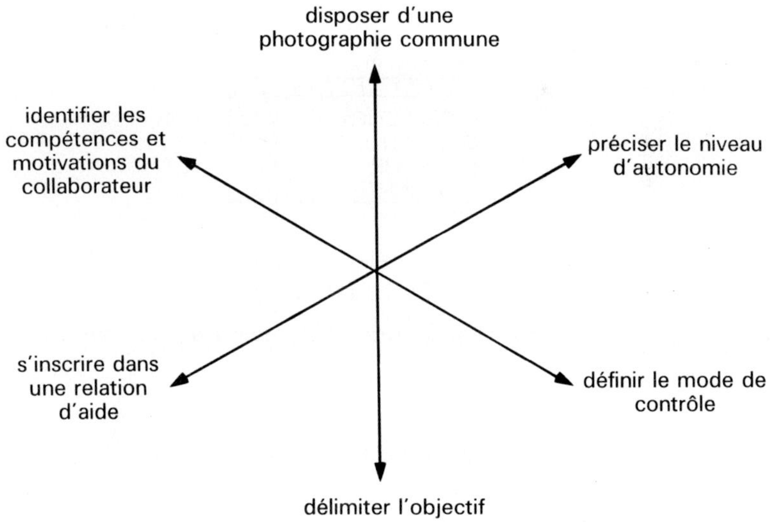

Fig. 4.9 : **Les six aspects qui structurent une relation de délégation efficace**

Nous allons entrer dans l'étude de chacun de ces aspects.

Disposer d'une photographie commune

La délégation sous-entend que manager et collaborateur sont d'accord sur la réalité du poste qu'occupe ce dernier : ils doivent disposer en fait d'une photographie commune.

Selon les entreprises, ce document (4) porte différents noms : lettre de missions, description de fonction, définition de responsabilités, que nous illustrons par la figure 4.10.

Dans tous les cas, il regroupe l'ensemble des missions générales, caractéristiques d'un poste. Celles-ci définissent les activités permanentes à assumer pour le collaborateur.

Les missions s'actualisent au travers d'objectifs traduisant les priorités de l'année en cours.

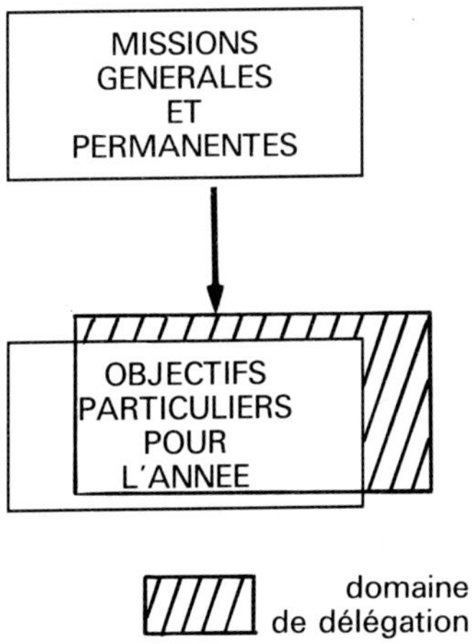

Fig. 4.10 : **Lettre de missions et domaine de délégation**

La lettre de missions présente un certain nombre d'avantages :

- elle précise les aspects invariants du poste c'est-à-dire ceux pour lesquels la prise de risque est minimum pour le collaborateur et le manager ;

---

(4) Il est à signaler que l'existence d'un tel document facilite à la fois la pratique de la délégation et la conduite de l'entretien d'appréciation.

- corrélativement, elle indique le domaine du délégable c'est-à-dire toute action impliquant un minimum de nouveauté et d'incertitude pour les deux parties (figuré en hachuré sur le schéma 4.10) ;
- elle a valeur d'engagement pour l'un et l'autre et constitue une base de référence partagée.

Certains prétendent qu'une lettre de missions est généralement source de rigidité et que, peu à peu, son contenu tend à ne plus refléter la réalité physique du poste.

D'autres managers affirment qu'elle contribue à fournir aux collaborateurs des motifs pour ne pas prendre d'initiative.

Ces deux réserves sont parfaitement justifiées. A la première, nous répondons que rien n'empêche manager et collaborateur d'actualiser régulièrement ce document commun. A la seconde, nous tenons à souligner le fait qu'une lettre de missions ne doit pas être utilisée et respectée telle une procédure mais maintenir les deux interlocuteurs dans un état d'esprit contractuel. Dans cette perspective, l'élément déterminant est d'associer le collaborateur à la mise au point du document.

Toutes les entreprises ne disposent pas à l'heure actuelle d'un tel document, alors quelle solution reste-t-il au manager dans ce cas ?

Cela revient à s'interroger sur l'unité de mesure utilisée.

Tâche ou objectif ?

Nous utilisons indifféremment les termes « tâche » et « objectif » pour exprimer l'action de déléguer. Ces deux mots sont-ils synonymes ou véhiculent-ils une logique différente ?

Le tableau 4.11 apporte une réponse détaillée.

TACHE	OBJECTIF
Répond aux questions « quoi faire » et « comment faire ».	Répond uniquement à la question « quoi faire ».
Transforme le collaborateur en simple exécutant.	Le collaborateur conserve son pouvoir de décision quant au choix des moyens.
Peu motivante.	Suscite un intérêt, voire un engagement élevé.
L'unité de mesure est binaire : le travail est accompli ou pas, l'évaluation se décrète.	L'atteinte de l'objectif s'évalue par rapport au critère de réussite et par rapport au contexte. L'évaluation s'effectue à deux et se pondère.

Fig. 4.11 : **Caractéristiques d'une tâche et d'un objectif**

La notion de tâche renvoie à une logique tayloriste où chacun a un travail précis à exécuter. La notion d'objectif au contraire représente une dynamique de progrès, conférant au collaborateur une authentique autonomie. Sous cet angle il apparaît difficile de dissocier direction participative par objectif et délégation.

Délimiter un objectif unique

L'un des risques du processus de délégation est de confier au collaborateur plusieurs objectifs à réaliser, ou encore un objectif tellement large que cela revient à modifier la lettre de missions du collaborateur. En ce cas nous ne pouvons plus parler de délégation mais plutôt de remplacement.

Déléguer plusieurs missions nouvelles simultanément prend plusieurs significations aux yeux du collaborateur parmi lesquelles :

– se retrouver face à un challenge impossible à réaliser,
– faire face à un abandon de responsabilités de la part du manager,
– se voir redéfinir son poste sans être consulté.

Pour produire ses effets la délégation doit donc s'appliquer à un objectif précis et unique.

Cet aspect se trouve renforcé par le fait que toute délégation équivaut à l'acceptation d'une prise de risque de part et d'autre et qu'il est inutile de maximiser celle-ci par pur plaisir.

Dans la pratique des entreprises, l'habitude veut que la délégation s'effectue oralement. Il nous semble intéressant, pour les objectifs exceptionnels ou ceux impliquant une évaluation plusieurs mois après, de formaliser l'acte de délégation. Celle-ci devient ainsi un « avenant » ou une information complémentaire exploitable dans le cadre de l'évaluation annuelle des performances.

Préciser le niveau d'autonomie

Pour certaines personnes, il va sans dire que tout acte de délégation entraîne le respect par le manager du principe d'autonomie. Par autonomie, nous entendons la liberté quant au choix des moyens ainsi que les comportements mis en œuvre.

Nous estimons que cela va encore mieux en le disant.

L'efficacité de la délégation s'évalue par rapport à l'atteinte totale ou partielle de l'objectif et non par rapport aux attitudes du collaborateur. Le présupposé est qu'il est possible de réussir la mission par des voies différentes pourvu que les résultats prévus à l'origine soient obtenus.

La notion d'autonomie est étroitement corrélée à l'aide que le manager apportera au collaborateur sous certaines conditions.

S'inscrire dans une relation d'aide positive

Il est fréquent d'entendre, une fois l'objectif fixé par le manager, des propos tels que : « à votre place j'irais consulter le fichier clients, vous gagneriez ainsi un temps précieux ! ».

Déléguer implique l'idée de laisser l'autre effectuer seul son expérience et le laisser découvrir les difficultés de la mission confiée. Cette condition est d'autant plus difficile à réaliser que le manager a la possibilité d'affranchir son collaborateur des écueils qu'il peut rencontrer.

Si ce critère n'est pas réalisé, la délégation se transforme en simple exécution.

Déléguer sous-entend également se mettre à la disposition du collaborateur dans les cas probables où il aurait besoin d'information supplémentaire ou d'un conseil.

Dans cette hypothèse cinq conditions sont à remplir :

– Attendre que le collaborateur exprime directement sa demande et ne pas aller au devant d'une demande imaginaire ou provoquée.

Cette condition s'avère délicate à respecter car elle signifie que le manager maîtrise l'anxiété provoquée par le processus de délégation.

– N'apporter son concours que dans la mesure où l'on se juge compétent sur la question. Sinon, il est souhaitable de renvoyer le collaborateur aux personnes ou services compétents de l'entreprise.

– Ne prodiguer ses conseils que si l'on est disponible et que l'on manifeste une réelle envie de rendre service.

– Eviter de se substituer au collaborateur et d'effectuer soi-même le travail.

Sinon, dans un premier temps il se peut que votre interlocuteur apprécie votre geste. Dans un second temps il s'interrogera sur votre pratique de la délégation.

– S'en tenir aux comportements et rôles dont vous estimez qu'ils rentrent dans vos attributions de manager.

Identifier les compétences et les motivations du collaborateur

La délégation repose avant tout sur une relation de confiance. Celle-ci se fonde d'une part sur l'expérience actuelle acquise par le collaborateur, d'autre part sur l'intérêt que le collaborateur manifeste pour la mission proposée.

Les questions suivantes sont à se poser ou à poser directement à votre collaborateur.

- Quels sont les domaines pour lesquels vous pensez que votre collaborateur a fait la preuve de ses compétences ?
- Quels sont les exemples que vous pouvez citer ?
- Dans quelles dispositions d'esprit vous trouverez-vous en confiant cette délégation ? (inquiet, rassuré, plutôt confiant).

Dans cette optique mieux vaut ne pas déléguer que manifester son inquiétude par un contrôle excessif et tâtillon.

- Votre collaborateur se sent-il « accroché » par cet objectif ?
- Se reconnaît-il lui-même les compétences pour mener à bien la mission ?

• Quels commentaires fait-il par rapport à votre proposition ? (crainte d'échouer, absence de commentaires, intérêt vif, réserve...)

• En fonction des qualités que vous reconnaissez à votre collaborateur, l'objectif fixé vous semble-t-il lui convenir ?

Toutes ces informations sont à relativiser en fonction de la personnalité du collaborateur. Certains n'hésitent pas à aller bien au-delà de leurs possibilités réelles, d'autres, au contraire, sous-estiment consciemment ou inconsciemment leurs aptitudes.

Définir le mode de contrôle

Le mode de contrôle a pour finalité d'apporter le minimum de sécurité au collaborateur pour qu'il puisse réussir dans son entreprise.

L'absence de règles équivaut bien souvent à susciter la méfiance du subordonné qui ne se voit reconnaître qu'un seul droit : celui de ne pas échouer.

Cet aspect conditionnera à la fois les compliments ou les critiques formulés en direction du collaborateur.

Dans tous les cas, le mode de contrôle doit être connu du collaborateur.

Le contrôle peut s'opérer aussi bien en cours de délégation qu'à la fin de celle-ci.

Le contrôle en cours de délégation s'applique plutôt aux objectifs maximalistes ou se déroulant sur une longue période ; il présente l'avantage de permettre un échange de vues ou d'informations et éventuellement d'effectuer des corrections en cours de réalisation.

Le contrôle final convient davantage aux objectifs jugés faciles par les deux parties.

Pour être efficace, le contrôle doit s'opérer par rapport aux critères suivants :

• Quels sont les écarts constatés par rapport à l'objectif ?

• Quel lien y-a-t-il entre la performance réalisée et le niveau de difficulté représenté par la délégation ?

Un objectif complètement nouveau et atteint à 80 % représente une performance remarquable.

• De quelle autonomie le collaborateur a-t-il fait preuve ? Une performance obtenue avec une totale indépendance n'a pas la même signification que la même performance obtenue avec un soutien régulier.

• Quels sont les changements et les évolutions intervenus en cours de délégation ?

A ce niveau le processus de délégation rejoint la pratique plus générale de l'évaluation des performances (5).

A l'issue du processus de délégation, il est intéressant pour l'un et l'autre d'effectuer un bilan commun et d'en tirer des enseignements positifs pour l'avenir.

La délégation est ainsi valorisée et ressort comme un acte spécifique qui nécessite un engagement, tant du manager que du collaborateur. Bien pratiquée, la délégation devient un outil indispensable pour développer les motivations du collaborateur.

Pour mémoire nous rappelons dans la figure 4.12 les étapes essentielles du processus de délégation. L'ordre de présentation est indicatif, en particulier pour les étapes intermédiaires.

Pour chacune d'entre elles nous signalons les conséquences pratiques d'une inobservation.

ETAPES ET CONDITIONS A RESPECTER	SI LA CONDITION N'EST PAS RESPECTEE...
— Le manager s'entoure et vérifie certaines précautions à vérifier : ● la compétence du collaborateur sur le sujet délégué, ● sa motivation, ● la plus-value apportée par la tâche confiée.	La délégation se transforme en jeu de hasard. La prise de risque peut s'avérer importante.
— Le manager propose la délégation et fixe le mode de contrôle.	Faute de mode de contrôle le collaborateur n'est pas pleinement rassuré.
—Le manager contrôle en cours d'exécution.	Cela n'entraîne pas d'effets négatifs sauf pour les objectifs sur longue période. En ce cas, collaborateur et manager se privent de la possibilité de corriger le tir.

(5) : Le lecteur peut se reporter à la section suivante, « le pouvoir de décider ».

— Le manager fournit des informations utiles à la réalisation du travail ou apporte des conseils au collaborateur.	Le collaborateur se sent livré à lui-même ou « abandonné ». En n'apportant pas son soutien, le manager tient un double langage : celui des principes et celui de sa pratique quotidienne.
— Le manager procède à des corrections (réorientation de l'objectif, apport de moyens nouveaux).	Cela n'engendre pas forcément de conséquences négatives.
— Le manager effectue le contrôle final et évalue la performance réalisée.	Le contrôle en cours d'exécution peut remplacer le contrôle final. Pour le collaborateur, le manager fuit ses responsabilités. L'un et l'autre ne peuvent effectuer de mesure de la performance.
— Collaborateur et manager font le bilan de l'expérience de délégation.	La délégation apparaît comme un acte banal, voire sans signification particulière.

Fig. 4.12 : **Etapes et conditions à respecter pour une délégation efficace.**

QUESTIONS CLES A SE POSER

— Quelles sont vos réactions habituelles face à la délégation ?

- ☐ • ça marche uniquement avec les collaborateurs compétents
- ☐ • il faut avoir le temps
- ☐ • c'est adapté si l'on dirige un faible nombre de collaborateur
- ☐ • ça pose plus de problèmes que ça n'en résoud
- ☐ • faut-il encore que les collaborateurs acceptent la prise de risques.

En quoi la lecture de ce chapitre a-t-elle modifié votre compréhension de la délégation ?

– Parmi les différents aspects clés développés dans ce chapitre, quels sont ceux dont vous tenez compte ?

☐ • je dispose d'une lettre de missions
☐ • je délimite un objectif unique
☐ • j'identifie les compétences et les motivations de mon collaborateur
☐ • je définis un mode de contrôle
☐ • je précise le niveau d'autonomie à mon interlocuteur
☐ • je m'inscris dans une relation d'aide

Quels enseignements tirez-vous de l'analyse de votre façon de procéder ?

Quel type de contrôle pratiquez-vous en temps normal ?

☐ • je fais totalement confiance
☐ • j'invite mon collaborateur à pousser la porte de mon bureau s'il le souhaite
☐ • j'improvise selon les circonstances
☐ • je contrôle en cours d'exécution
☐ • je contrôle en fin d'exécution
☐ • je contrôle en cours et en fin d'exécution

Comment réagissez-vous quand un collaborateur a besoin de votre aide ?

☐ • je devance ses demandes
☐ • je le laisse se débrouiller seul jusqu'au bout
☐ • j'attends qu'il formule une demande claire

Combien de fois vous est-il arrivé de déléguer au cours des six derniers mois ?

Quelles sont les réactions de vos collaborateurs dans ce cas ?

Quels sont les collaborateurs à qui vous avez tendance à déléguer ?

Quelles conclusions tirez-vous de ces trois dernières réponses ?

Avant de déléguer vous arrive-t-il de prendre certaines précautions ?

Si oui, précisez lesquelles.

LE POUVOIR DE DECIDER

Cette section traite aussi bien des situations individuelles de résolution de problèmes auxquelles chacun est confronté que des formes de travaux en groupe (cercles de qualité et groupes de progrès). La démarche que nous allons présenter et l'état d'esprit qui y est associé s'appliquent aux deux cas de figure.

Une personne considère qu'il y a problème s'il existe une situation insatisfaisante constatable, ou vécue comme telle, et que le problème relève de sa zone de compétence (ou d'expertise) et de pouvoir (mon organisation me reconnaît le droit de ...).

Cette définition appelle des commentaires sur les termes utilisés :

* « Situation insatisfaisante constatable » signifie qu'il existe un écart entre le résultat attendu et le résultat souhaité (ou la norme à respecter). La démarche de résolution de problème consiste alors à réduire, voire à faire disparaître, cet écart. C'est le cas par exemple d'une production d'appareils électroménagers dont le taux de qualité viendrait subitement à baisser.

* Nous pouvons avoir à faire également à une « situation insatisfaisante vécue ». L'intéressé en arrive à ne plus tolérer la situation présente sans être capable d'exprimer les motifs de sa réaction. Le seul fait de ressentir la situation comme difficile doit faire considérer le problème comme légitime.

* Enfin l'objectivité d'un problème tient au fait que l'on dispose d'une compétence technique pour la résoudre et que l'on a autorité pour

le faire. Vouloir résoudre une difficulté sans le savoir-faire nécessaire revient à ne pas avoir les moyens d'atteindre son objectif.

Quant à s'atteler à faire avancer des situations qui ne sont pas de son niveau d'influence, cela représente une façon efficace de se faire remettre à sa place !

Quel que soit le cas de figure rencontré, au-delà des signes extérieurs traduisant un problème, nous nous attacherons à la dynamique qui conduit à opérer des micro-changements.

Nous allons à présent resituer l'importance de ce thème dans le contexte économique actuel. La recrudescence de la concurrence entre les entreprises a eu une double action tant sur le plan des techniques, que sur le plan des individus (voir figure 4.13).

* En premier lieu, elle a provoqué une accélération de l'évolution des techniques, des services, des produits, rendant par là même les salariés acteurs et auteurs des changements au sein de leur organisation.

* En second lieu, elle a nécessité la mise en place de techniques et services inconnus à ce jour. Faire évoluer le système existant ne suffit plus, il faut créer ou inventer de nouvelles pratiques et solutions.

* En troisième lieu, elle a entraîné une décentralisation des responsabilités qui va de pair avec la réduction du nombre d'échelons hiérarchiques.

Elle offre ainsi une plus grande liberté de manœuvre aux échelons hiérarchiques les plus bas. Les changements se gèrent de plus en plus par le bas et ne sont pas dictés par de lointains états-majors.

* Enfin, elle a obligé les services à renforcer leurs interactions et synergies. Il est rare, en effet, qu'une seule personne soit compétente pour résoudre un problème. L'explosion des techniques et des savoir-faire oblige à faire avec ceux que l'on ignorait encore il y a peu de temps.

Le changement est devenu une donnée banale qui s'intègre à notre paysage quotidien et nécessite un état d'esprit permanent.

Certaines formes de pensée et habitudes entravent notre capacité à poser efficacement le problème et donc à le résoudre. C'est pourquoi il est important d'identifier les principales formes de méconnaissances en ce domaine.

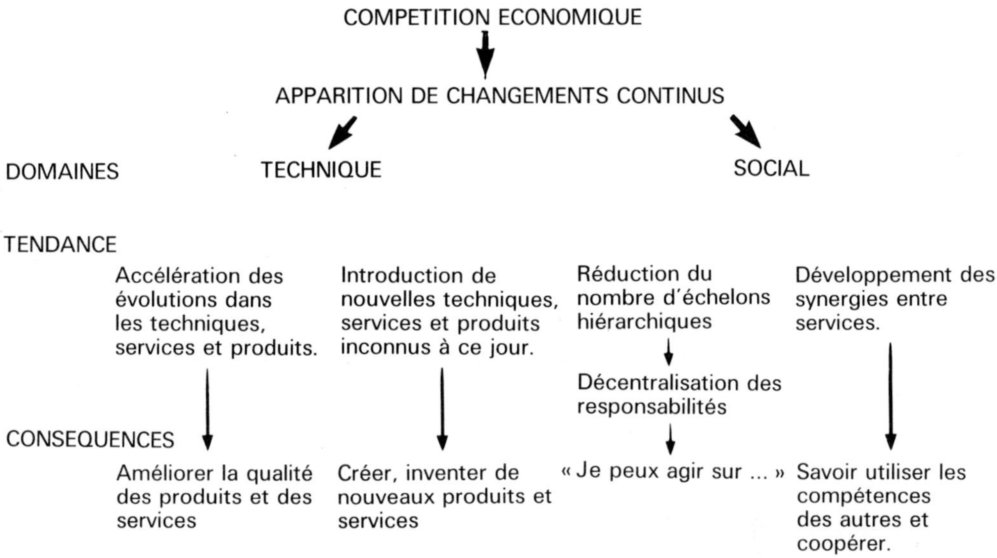

Fig. 4.13 : **Les sources techniques et sociales du changement.**

DESCRIPTION DES PRINCIPALES FORMES DE MECONNAISSANCE

Les quatre premières formes de méconnaissance relèvent d'une démarche générale, les trois dernières concernent davantage la méthode mise en œuvre.

1 – *Poser des questions et analyser sans fin*

Cette attitude correspond à l'habitude de discourir sur tous les problèmes.

La personne s'interroge sans réelle volonté d'apporter une réponse à ses interrogations. Chaque nouvelle question tend à rendre davantage insoluble le problème et à mettre en évidence l'impuissance du questionneur. Philosophiquement, l'exercice apporte quelques gratifications mais peu de résultats sur le plan de l'action.

2 – *Raisonner en termes de constat et décrire avec force de détails la difficulté à résoudre*

La manager adopte alors un langage descriptif. Il est conscient des signes extérieurs du problème et sait les interpréter.

Il formule les problèmes en termes de constat, ce qui aboutit à figer la situation et ses enjeux. Cette démarche ne permet pas de préciser le but à atteindre ou la direction à prendre. Par rapport à la formulation par objectif, cette attitude peut représenter une étape préliminaire. Elle s'accompagne généralement d'un souci excessif des détails et de la précision.

3 – *Chercher, et généralement trouver, un coupable*

Cette forme de méconnaissance tend à définir la part de responsabilités de certaines personnes ou de certains services. Une fois le coupable trouvé, la situation ne fait qu'empirer et les relations entre personnes se détériorent.

Les effets les plus fréquents de la recherche d'un responsable sont :

– l'accumulation de rancœur et de griefs,
– le développement d'un esprit de vindicte chez le présumé responsable,
– la non-résolution de la difficulté présente.

Procéder de cette façon, empêche d'apporter des solutions constructives au problème dans l'ici et maintenant.

4 – *Agir avant d'avoir posé le problème*

Cette forme de méconnaissance revient à aborder directement les moyens à mettre en œuvre, le plus souvent en ayant omis de poser le problème préalablement.

Le manager se fie à sa seule intuition avec des résultats aléatoires. Ce qui ressort alors sont ses a priori sur la question. Nous pouvons comparer cette attitude à celle d'un marcheur qui s'empresserait de se mettre en route sans connaître sa destination.

5 – *Traiter les problèmes exclusivement par habitude ou par expérience*

Ayant acquis une certaine expérience, le manager classe les problèmes dans des catégories : « Ça c'est un problème d'organisation ». Pour chaque catégorie, il dispose bien sûr d'un ensemble de solutions éprouvées. Là où sa démarche achoppe, c'est qu'il se trouve incapable de faire face à des situations nouvelles ou imprévues.

6 – *Se vouloir trop cartésien*

La personne fonctionne avec un schéma linéaire et séquentiel qu'elle ne souhaite pas remettre en cause. Elle croit bien sûr à l'efficacité méthodologique. Ce qui caractérise cette forme de méconnaissance est également :

– la référence à une logique binaire,
– la recherche d'une cause unique,
– la mise en œuvre d'une solution définitive,
– l'élimination des aspects sociaux des problèmes au profit d'une approche exclusivement technique.

Il ne lui manque que l'état d'esprit pour être efficace ...!

7 – *Ne pas être suffisamment stratège lors de la mise en œuvre des solutions*

Ce manager se montre efficace dans sa manière de traiter le problème mais naïf dans la phase de mise en œuvre. Pour lui, le fait de trouver la solution réaliste équivaut à avoir résolu définitivement le problème.

Nous retrouverons une partie de ces méconnaissances dans les différentes façons de formuler le problème.

CONSEILS ET OUTILS POUR DEVELOPPER SON EFFICACITE PERSONNELLE

Résoudre des problèmes constitue pour nous avant tout un état d'esprit : il s'agit de se hâter lentement.

Les éléments clés de cet état d'esprit sont :

– Intégrer les *contradictions*

Dans cette optique, il n'existe pas de problèmes faciles ou purs. Si tel est le cas, cela correspond à une volonté réductrice qui consiste à transformer les situations complexes en situations plus facilement maîtrisables.

– *Relativiser* les informations par rapport à la situation et par rapport à soi (nous ne sommes jamais neutres en abordant un problème).

– Raisonner en termes de *système ouvert*

Tout problème comporte une série d'éléments en interaction et en évolution. Ce qui est vrai à un instant ne l'est déjà plus à l'instant d'après.

– Accepter l'*incertitude* et ne pas vouloir tout contrôler

Dans le meilleur cas, l'incertitude se réduit ou se repère, ce qui n'est d'ailleurs pas si mal !

– Savoir se *distancier* et s'*impliquer* à la fois

Trop se distancier aboutit à des attitudes technocratiques. Trop s'impliquer à prendre des décisions hâtives et irréfléchies.

– Se doter d'une *démarche* plutôt que d'une méthode

Une méthode implique le respect des étapes et donc une progression logique dans les enchaînements. La supériorité d'une démarche est qu'il est toujours possible de revenir en arrière, de réviser son point de vue ou de remettre en cause le travail effectué.

L'approche classique et cartésienne des problèmes a rejeté toute forme de contradiction et d'incohérence :

– les problèmes sont considérés comme convergents et n'acceptent qu'une seule solution ;

– les problèmes sont considérés comme binaires : c'est vrai ou c'est faux, bien ou mal formulé ;

– les problèmes sont considérés comme linéaires : il faut et il suffit de faire cela pour ...

Notre pratique des organisations nous invite à plus de prudence en raison de trois paramètres :

– La nature divergente des problèmes rencontrés. En entreprise, la quasi-totalité des difficultés comportent plusieurs solutions, avec la nécessité de faire des choix et de prendre des risques.

– Les problèmes abordés, comme les effets des solutions mises en œuvre, ne sont pas complètement prévisibles.

– Les problèmes ne sont pas seulement d'ordre technique et ne peuvent donc être appréhendés uniquement en termes de rapport homme-machine. Il s'agit ainsi de prendre en compte la dimension humaine, les enjeux et les rapports de force qui tissent nos relations.

Nous proposons de réfléchir sur la démarche de résolution de problèmes à partir du schéma 4.14.

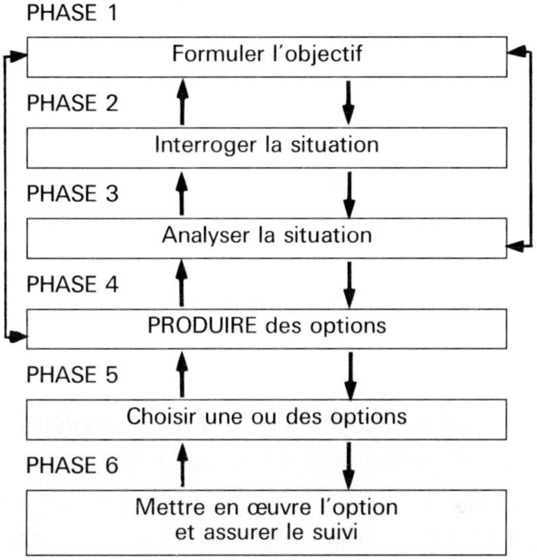

Fig. 4.14 : **Schéma illustrant la démarche de résolution de problèmes**

Ce schéma est présenté de façon hiérarchique à des fins pédagogiques : il apparaît logique de commencer par la formulation d'objectif, puis de s'interroger sur la situation, pour passer à l'analyse de la situation.

La pratique est souvent différente : combien de fois avons-nous constaté qu'en réfléchissant à la situation, cela nous conduisait à redéfinir notre objectif.

De la même manière, la difficulté à formuler un objectif peut se débloquer en recherchant directement des options. Ou encore, la difficulté à produire des options nous amène à reconsidérer la façon dont le problème a été posé.

Il importe de comprendre ce schéma à partir des éléments suivants :

* chacune des phases influence les phases suivantes,
* chacune des phases influence les phases précédentes,
* il est possible d'entrer à n'importe quelle étape du processus.

Nous nous attacherons à développer les premières et dernières phases pour survoler les phases intermédiaires, car c'est en effet plutôt à ces étapes qu'interviennent nos méconnaissances.

Nous renvoyons les lecteurs soucieux de plus de précisions à la bibliographie qui figure à la fin de ce chapitre.

Formuler un objectif (phase 1)

Nous insisterons sur deux aspects :

* une certaine confusion terminologique,
* la comparaison entre les différents types de formulation d'un problème.

Un certain nombre de managers font l'amalgame entre finalité, objectif, problème et simple question, sans percevoir qu'en adoptant l'une de ces notions, ils s'enferment dans un système logique.

Le tableau 4.15 opère une différenciation entre ces quatre notions, en soulignant les particularités de chacune.

NOTIONS	PARTICULARITES
FINALITE	— Relève de l'intention ou de la volonté politique. — Représente un objectif large et non opérationnel. — Se rattache aux valeurs de l'entreprise.
PROBLEME	— Représente une approche statique. — Certains problèmes n'ont pas lieu d'être posés si l'intéressé ne dispose pas de pouvoir. — Génère des attitudes d'évitement et non de résolution. — Aboutit à la recherche d'un coupable ou fautif.

QUESTION	— Reflète assez souvent les a priori sur les possibilités d'action. — Les réponses apportées ne représentent pas forcément un programme d'action. — Les réponses ne font pas forcément l'objet d'un suivi. — Peut déboucher sur le jeu sans fin des questions.
OBJECTIF	— Exprime une direction. — Constitue une approche dynamique. — Se veut précis, daté, circonstancié.

Fig. 4.15 : **Les quatre formes de questionnement de la réalité.**

Raisonner sous la forme d'objectifs ne correspond pas à un exercice de style ou à une habitude formalisée comme certains le croient.

Le mode de fonctionnement par objectif traduit un authentique souci de rationalisation et d'efficacité. Il constitue un moyen d'éviter un certain nombre de biais dans la façon d'aborder et de traiter les problèmes tels que :

– préjuger des solutions efficaces ou acceptables,
– passer sous silence certains éléments de la situation,
– formuler le problème de façon trop précise ou orientée,
– ne pas prendre en compte les contraintes inhérentes au contexte de travail.

Le fonctionnement par objectif concourt également à maîtriser sa position personnelle par rapport au problème à résoudre, sans entrer dans l'utopie rationaliste de se vouloir complètement neutre.

Se situer par rapport au problème étudié revient à distinguer les différents rôles joués par les personnels dans un contexte précis à savoir :

– celui qui analyse le problème et propose des options,
– celui qui met en œuvre les solutions,
– celui qui décide,
– la nature et les caractéristiques du problème,
– les particularités de la situation.

Le schéma 4.16 illustre bien la complexité de la démarche de résolution de problèmes (6) ;

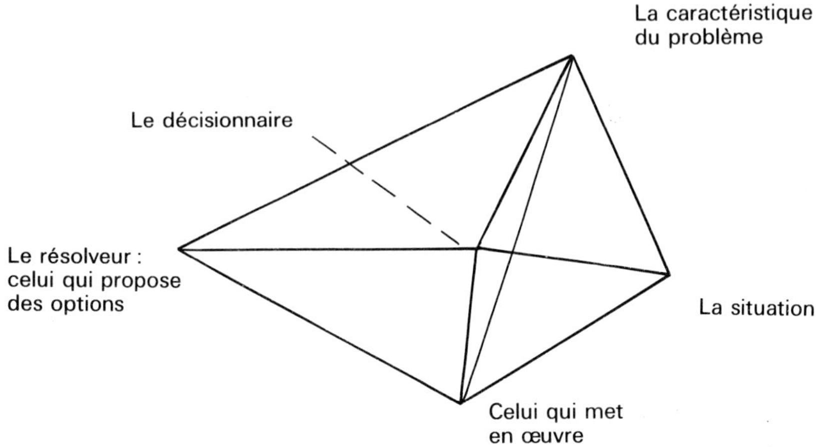

Fig. 4.16 : **Des différents acteurs et aspects du processus de décision**

Un objectif se définit à partir des critères suivants :

– Il est univoque, c'est-à-dire qu'il n'aborde qu'un seul problème à la fois. Nous évitons ainsi d'effectuer des amalgames où tout est dans tout.

– Il est précis, concret et se rapporte à une situation clairement identifiée.

– Il ne préjuge pas de la ou des solutions à mettre en œuvre.

– Sur un plan grammatical, il se caractérise par l'utilisation d'un verbe d'action ainsi qu'un certain nombre de précisions sur le contexte ou sur les contraintes. Il se résume dans la formule suivante : comment + verbe d'action + spécifications + contraintes.

– La formulation d'un objectif est de préférence large et positive.

– A tout objectif correspond un ou des critères de réussite précisant quand l'objectif sera atteint ou non atteint. La définition de critères vaut aussi bien pour les problèmes facilement quantifiables que pour les problèmes plus qualitatifs ou impliquant un grand nombre de personnes.

Dans la mesure où ces critères sont respectés, la formulation par objectif confère au manager une grande puissance.

(6) : Ce schéma est une référence à la pyramide de Goguelin.

Voici quelques exemples de formulations efficaces de problèmes tirées du travail d'un groupe de résolution de problèmes dans un service de production. Pour chaque illustration, nous avons souligné l'une des caractéristiques essentielles de l'objectif par un commentaire :

Exemple 1 : « Comment procéder aux essais de mousse sans perturber la production ? »

Commentaire : Il existe une contrainte organisationnelle qui réside dans le fait qu'il est impossible d'arrêter la production ou de la ralentir.

Exemple 2 : « Comment limiter le retour des portes de l'atelier mousse vers les ateliers en amont afin d'améliorer le flux ? »
Commentaire : L'objectif se rapporte à des éléments bien précis :

– il s'agit des portes de l'atelier mousse,
– le phénomène est localisé dans le temps et l'espace : vers les ateliers en amont.

Exemple 3 : « Comment muter plus rapidement les chaînes de préparation mousse lors des changements de série afin d'améliorer la productivité ? »

Commentaire : Cet exemple permet de mettre en évidence :

– l'importance d'un verbe d'action « muter »,
– la spécification de certaines informations :
• Chaînes de préparation mousse
• Changement de série ;
– la direction indiquée par l'objectif : « Afin d'améliorer la productivité ».

Enfin, nous voulons terminer l'examen de la phase de définition de l'objectif en comparant les différentes manières de formuler un problème. (figure 4.17).

Pour chacune d'entre elles, nous faisons ressortir le mode de formulation utilisée, l'exemple l'illustrant et les conséquences pratiques au niveau de la vie de l'organisation.

Contexte du problème

Dans un atelier de montage, il est constaté une augmentation sensible du nombre de pannes sur la chaîne A. Ce phénomène survient alors que la quantité de pièces produites est en augmentation.

TYPES DE FORMULATION	EXEMPLES	CONSEQUENCES
Formulation en termes de responsabilités.	Qui est responsable de l'augmentation du nombre de pannes ? (sous-entendu les opérateurs sur la chaîne ou le service maintenance).	Un coupable est découvert mais le phénomène persiste.
Formulation en termes de solutions ou d'actions.	Comment faire pour modifier le cycle de maintenance ?	La solution figurant dans la question exclut toute forme d'investigation. Débouche quelquefois sur « y'a qu'à » « il suffit que ... » « il faut qu'on ... »
Formulation en termes de constats.	Le nombre d'arrêts survenus sur la chaîne a augmenté de 10 %. Que se passe-t-il ?	La personne ou le groupe se perd en réflexions, suggestions, hypothèses.
Formulation sous la forme d'objectif.	Comment réduire le nombre de pannes survenant sur la chaîne A en tenant compte des contraintes actuelles de production ?	Le problème est largement ouvert et précis et peut être abordé de façon efficace.

Fig. 4.17 : **Tableau comparatif des quatre formes de formulation d'un problème.**

Interroger la situation (phase 2)

Un problème n'a de signification que par rapport au contexte dans lequel il s'inscrit. Il s'agit donc d'interroger la situation et de collecter le maximum d'informations dont on se sera assuré de la nature auparavant.

Il est possible de classer les informations selon leur degré de certitude et, partant, de leur accorder plus ou moins d'intérêt :

Certitude élevée

FAITS
TEMOIGNAGES
OPINIONS
POINTS DE VUE
EVALUATIONS
INTERPRETATIONS
SENTIMENTS

Incertitude élevée

Selon nous, si l'information doit être appréciée à partir de son caractère rigoureux et pertinent, il est nécessaire de valoriser également son aspect heuristique : en quoi nous apporte-t-elle un regard nouveau sur le problème ou encore nous permet-elle de formuler des hypothèses ?

Sous cet angle, une opinion ou un point de vue a autant d'importance qu'un fait objectif et impartial.

La situation va être examinée également en prenant en compte ses caractéristiques essentielles, dont les principales ressortent à travers les interrogations suivantes :

– Quelles sont les principales contraintes en termes d'argent, de délai, de technicité ... ?

– Le problème présente-t-il un caractère exceptionnel, fréquent ou cyclique ?

– Quelles sont les conséquences directes ou indirectes qu'il engendre ?

– Quels sont les personnes, services ou fonctions qui se trouvent impliqués ?

– De quelle façon le problème est-il perçu ? « On n'a jamais rien pu faire ! », « vous verrez que ça ne marchera pas » sont des attitudes révélatrices qu'il peut être intéressant d'approfondir avant d'aller plus loin.

– Quels sont les enjeux sous-jacents à la difficulté à résoudre ?

Le principal risque à cette étape, pour le manager, est de se fier à sa seule intuition et donc de laisser libre cours à ses a priori.

Chacun d'entre nous a besoin d'entretenir son système de croyance et adopte un mode d'investigation de la réalité qui renforce ses propres certitudes.

Analyser la situation (phase 3)

Nous avons volontairement choisi de parler « d'analyse de situation » et non d'« analyse de problème » car ce qui est intéressant est le problème dans ses relations à un contexte particulier.

Les attitudes développées comptent autant que les outils mis en œuvre. Aussi traiterons-nous des uns et des autres.

Les attitudes à privilégier

Parmi celles-ci nous ne signalons que celles qui s'inscrivent dans l'état d'esprit dont nous avons parlé au début de ce chapitre :

– Prendre en compte l'ensemble des variables et non certaines en particulier. Il y a quelque chose de magique à vouloir expliquer un problème à partir d'une seule cause.

– Analyser en « réseaux d'effets » et non en « chaînes d'effets ».

L'analyse en « chaînes d'effets » considère les relations entre éléments sous forme de chaînes causales :

A – – → B – – → C – – → D

Si ce cas de figure peut se présenter, il est loin d'être général ; aussi est-il préférable de lui substituer l'analyse en « réseaux d'effets » qui prend mieux en compte les caractéristiques complexes de la situation, comme le montre la figure 4.18.

– Chercher à tirer parti des contradictions.

Les attitudes qui suivent reflètent les différentes possibilités de réactions face à des informations divergentes, et met en évidence notre tendance naturelle à gommer leur aspect contradictoire.

- Sélectionner des informations en fonction de leur cohérence entre elles.
- Couper la poire en deux.
- Trouver des explications passe partout.
- Assimiler certaines informations à d'autres jugées plus essentielles : réduction.

L'attitude efficace nous semble être au contraire celle qui consiste à formuler des hypothèses intégrant toutes les informations.

– Poser systématiquement la question « pourquoi ? » jusqu'au moment où l'on se trouve dans l'impossibilité d'y répondre.

Le manager évite ainsi de se satisfaire de ses premières impressions et des causes apparentes.

– S'attacher aux relations de causes à effet et non à de simples corrélations. Ce qui caractérise une corrélation est l'apparition concomittante de deux événements qui, par ailleurs, peuvent se trouver totalement indépendants.

– Ne pas transformer l'analyse en recherche d'un bouc-émissaire ou en règlement de compte personnel.

– A la fin de sa propre analyse, comparer son point de vue initial et son point de vue terminal.

S'il existe un écart important, il y a peu de chance pour que les préjugés de la personne interviennent. Si l'écart est faible, il est intéressant de s'interroger sur l'influence de son propre cadre de référence.

* Sur le plan instrumental, deux outils nous semblent mériter une attention particulière.

Organiser l'analyse du problème avec l'A.R.E.

L'A.R.E. (arbre de représentation et d'explication) permet d'organiser les relations entre les différentes causes.

Il s'agit de remonter dans l'enchaînement des causes entre elles ou posant la question « A quoi est-ce dû ? », et ce au premier degré, deuxième degré, troisième degré ... Les relations causales sont ainsi figurées sous la forme de flèches.

Nous aboutirons alors à une structure à la fois analytique et synthétique comme l'illustre la figure 4.18.

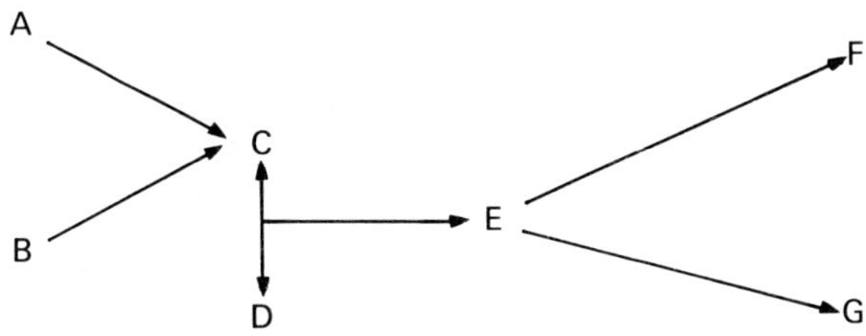

Fig. 4.18 : **Arbre de représentation et d'explication.**

Ainsi dans cet exemple, les causes A et B concourent à produire C. Par contre, l'interaction entre C et D provoque E. Quant à E, il est à l'origine de F et G, sans que ces derniers facteurs aient la moindre relation entre eux.

La situation est donc bien appréhendée dans sa globalité et sous l'angle des interactions entre les éléments.

La méthode de l'A.R.E. a l'avantage de constituer une préparation à la recherche de solution.

La méthode des 5 M (figure 4.19)

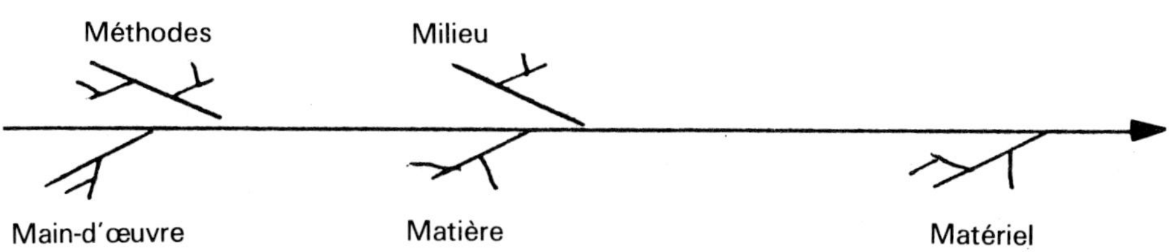

Fig. 4.19 : **Diagramme de la méthode des 5 M.**

Elle distingue cinq grandes familles de causes qui sont :

– le milieu
– la matière,
– le matériel,
– les méthodes,
– la main-d'œuvre.

Les causes de même nature sont regroupées entre elles.

Pour chacune de ces familles, il est possible d'approfondir l'étude par la recherche de sous-causes.

A notre sens, cette méthode offre trois avantages :

– la possibilité d'une représentation individuelle,
– le fait de s'appliquer à tous les types de problèmes,
– enfin, la possibilité d'effectuer l'analyse du problème puis la recherche de solutions.

Nous avons pris notre parti de ne présenter que deux méthodes en raison de leur caractère universel.

Deux types de méthodes peuvent être utilisés :

– les méthodes que nous qualifierons de « classiques », parmi lesquelles la méthode des options et la méthode des sept chemins ;
– les méthodes inspirées du brainstorming et des techniques de créativité.

Notre propos n'est pas ici de développer la dimension outils et techniques de la démarche de résolution de problème, dans la mesure où il existe d'excellents ouvrages spécialisés à ce sujet [8].

Aussi préférons-nous insister sur les attitudes générales et la tournure d'esprit requise.

– Il nous semble systématiquement préférable d'opter pour la quantité (d'où le titre de « produire des options »), ce qui évite de se

(7) :Il en existe d'autres. En partuclier, la méthode, Kepper-Tregoe qui s'applique à tout problème comportent une norme de référence.
(8) : Voir pour cela la bibliographie en fin de chapitre.

laisser envahir par ses idées préconçues et offre par la suite des possibilités de choix infiniment plus importantes.

– Ne pas rechercher *la* bonne solution (« one best way »). Comme s'il n'existait qu'une seule cause et qu'un seul remède à chaque problème !

– Ne pas privilégier certaines pistes de solutions alors même que l'investigation n'a pas été poussée jusqu'au bout. En ce cas, le risque est que le manager passe immédiatement à l'étape suivante. Cette attitude contamine généralement l'ensemble de la démarche de résolution de problèmes.

– Veiller à ne pas se censurer par un souci excessif de contraintes de temps, financières ou encore par l'aspect acceptable des solutions proposées.

– Proposer des solutions, quelle que soit leur nature.

Le diagramme des 5 M est, de ce point de vue, bien utile. Il évite de ne retenir que les solutions à caractère technique.

Notre pratique personnelle de ce travail nous autorise à constater que les solutions les plus nombreuses se situent dans les rubriques main-d'œuvre et méthodes.

Arrivé à ce stade, notre manager a effectué une bonne partie de la démarche et se trouve dans l'obligation d'effectuer un ou des choix.

Choisir une ou des options (phase 5)

Toute décision équivaut à abandonner certaines éventualités (les autres solutions et celles qui consistent à ne rien faire) dont on ne saura jamais avec certitude ce qu'elles auraient pu donner.

Le choix d'une solution fait naître une anxiété chez le manager qui peut s'exprimer à travers les attitudes inefficaces suivantes :

– ne rien faire,
– s'interroger sans fin (entrer dans un processus d'analyse),
– s'en remettre aux conseils des autres,
– prendre une décision impulsive,
– tergiverser ou rechercher la décision parfaite,
– prendre la décision sous la pression des événements.

La représentation que l'on se fait du risque est souvent plus effrayante que les risques réels.

Les outils que nous vous présentons ont donc pour objectif de réduire l'incertitude et d'évaluer le risque volontaire que nous acceptons de prendre.

Les méthodes visant à se donner des critères

Elles consistent à se fixer des critères en relation directe avec l'objectif à atteindre. Ceux-ci peuvent faire l'objet d'une pondération selon l'importance accordée par l'utilisateur à tel ou tel critère.

Certaines méthodes vont même jusqu'à formaliser à l'avance des critères clés ; c'est le cas de la méthode des sept critères illustrée par la figure 4.20. Les solutions sont alors confrontées entre elles à partir des questions suivantes :

– Le coût de la solution paraît-il raisonnable ?

– La solution apportée sera-t-elle permanente, durable (ou un simple palliatif) ?

– Quelles en seront les conséquences sur les plans des procédures, des personnes concernées, de la vie du service, des habitudes et de la culture de l'entreprise ?

– La solution sera-t-elle facilement acceptée ou suscitera-t-elle des résistances chez les intéressés ?

– Quel est le niveau de complexité de la solution retenue ?

– Combien faudra-t-il de temps pour la mettre en œuvre ?

– Y-a-t-il d'autres critères essentiels à prendre en compte ?

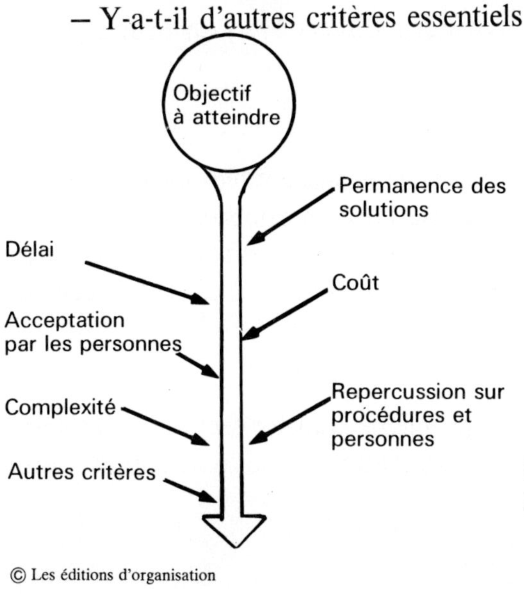

Fig. 4.20
La méthode des septs critères.

La méthode des critères vise à rationaliser la prise de décision. Si le fait de se donner des critères permet d'évacuer une partie de l'arbitraire, elle présente une double limite :

– Les critères masquent quelquefois une forme d'irrationalité latente. L'intéressé se donne bonne conscience en « scientifisant » son choix.

– Dans certains cas, le choix des critères reflète les préconceptions de la personne et ses a priori sur les solutions justes à mettre en œuvre. La grille de critères vient entériner un choix déjà effectué, consciemment ou inconsciemment.

La méthode C.U.R.

Elle consiste à prendre en compte simultanément trois aspects qui sont :

– L'aspect CONSEQUENCES

Celui-ci peut être positif ou négatif, concerner le court ou le long terme. Dans tous les cas, les conséquences présentent un caractère prévisible.

– L'aspect UTILITE

Il renvoie aux bénéfices directs et indirects que l'on peut attendre de la solution mise en œuvre.

– Enfin, l'aspect RISQUES

Il regroupe l'ensemble des événements susceptibles de se produire et qui risqueraient de remettre en cause l'option choisie.

La distinction que nous permettent d'opérer ces trois critères nous semble aller au-delà du raisonnement habituel en termes d'avantages et d'inconvénients.

Exemple : Pour résoudre un problème d'ordre technique, la solution proposée est de travailler le samedi matin pour faire de la prévention (entretien du matériel).

L'application de la grille présentée ci-dessus donne le résultat suivant :

Conséquences	*Utilités*	*Risques*
Diminution de l'effectif (+)	Diminution du taux de pannes (bénéfice direct)	- D'ennuis de santé - D'accident
Augmentation des dépenses pour heures supplémentaires (−)	Possibilité d'effectuer un entretien plus régulier du matériel (bénéfice indirect)	- Refus des personnes concernées, lié à l'historique de l'entreprise. - Attitude négative des syndicats.
Avenant au contrat de travail		

Parmi les risques, les deux derniers sont de loin les plus probables.

Par delà le support technique pour effectuer un choix, il existe chez tout individu qui décide une sorte de malaise lié aux éléments cognitifs, affectifs ou comportementaux qui entrent en contradiction [8]

– Opposition entre le comportement habituel et le comportement requis par le choix de la solution.

– Opposition entre la solution jugée techniquement souhaitable et la solution jugée socialement souhaitable.

– Opposition entre l'option choisie personnellement et l'option correspondant le plus à la culture de l'entreprise.

– L'option retenue peut engendrer des devoirs vécus comme opposés.

– Le choix de la solution risque de provoquer une perception nouvelle de la situation, en contradiction avec la perception antérieure.

Les conséquences pratiques de la « dissonance cognitive » sont :

– la tendance à trouver des justifications à ses choix personnels (rationalisations) ;

– le fait de dévaloriser les éventualités qui ne nous conviennent pas.

---

(8) : Ce phénomène, plus connu sous le nom de « dissonance cognitive », a été introduit par Festinger.

De façon générale, nous minimisons ainsi les facteurs contraires.

Le fait de recourir à un outil en matière de décision présente deux avantages au plan psychologique :

– mieux identifier les contradictions engendrées par la situation de choix,

– appréhender les contradictions comme une richesse et non comme une difficulté insurmontable.

Déterminer l'option la plus réaliste est déjà en soi un exercice difficile. Mais le manager doit également choisir le mode de décision, individuelle ou collective.

Le tableau 4.21 prend en compte différents critères et précise quand le travail en groupe ou individuel s'avère le plus adapté.

CRITERES / MODES DE PRISE DE DECISION	INDIVIDUEL	COLLECTIF
Qualité de la décision	–	+
Temps limité (urgence)	+	–
Importance du sujet	–	+
Eviter les risques de sabotage et susciter l'engagement des collaborateurs.	–	+
Faible complexité	+	–
Conséquences importantes sur les plans financier et commercial	–	+
Nouveauté	–	+
Sujet à caractère politique ou stratégique	+	–
Recherche de l'équilibre de fonctionnement dans l'unité	–	+

Fig. 4.21 : **Critères de choix du mode de décision**

Processus de décision et l'exemple japonais

Une seconde tentation nous vient du Japon : il s'agirait de tout décider par consensus. Cette idée nous semble inadaptée pour des raisons culturelles, surtout dans notre pays où les relations au sein des organisations sont encore très centralisées et marquées par les tendances à l'autorité et à l'entente.

La prise de décision, qu'elle s'effectue individuellement ou en groupe, nécessite un *état d'esprit* dont les deux clés principales sont à notre sens l'écoute et l'acceptation des divergences.

D'autres attitudes nous semblent aussi importantes :

– Rechercher des solutions acceptables par tous sans pour autant vouloir faire plaisir.
– Choisir en se référant à l'objectif et aux contraintes.
– Eviter l'affrontement à partir de positions.
– Se doter d'une méthode reconnue par tous les participants.
– Préférer le conflit aux accords de façade.
– Aller voir ce qu'il y a derrière les mots et les formules toutes faites.
– Rester créatif et veiller à l'excès de conformisme.

Mettre en œuvre la solution et assurer le suivi (phase 6)

Il est fréquent, en entreprise, de constater des écarts entre ce qui est prévu et ce qui est réalisé. Non pas tant que l'option retenue manque de pragmatisme mais que les intérêts des personnes concernées représentent quelquefois des obstacles à la réalisation effective du changement.

Au niveau de l'état d'esprit, il importe que le manager adopte une attitude *stratégique* et non une attitude *mécaniste.*

Il ne suffit pas d'avoir un « bon » projet ou une « bonne » solution pour opérer un changement, il faut qu'elle soit acceptée donc acceptable par ceux qui sont concernés.

Tout individu est ainsi considéré comme un *acteur,*doté d'une stratégie personnelle et susceptible de réagir de manière spécifique et imprévisible à l'annonce du changement. La réaction d'un acteur est logique et rationnelle de son seul point de vue. L'ouvrier d'entretien ou l'opérateur de fabrication se positionnent en fonction des enjeux qu'ils perçoivent.

Dans bien des cas, en pratique, le manager est amené à trancher individuellement. Dans cette perspective, il existe différentes manières d'associer les autres à la décision ; nous les résumons par la figure 4.22.

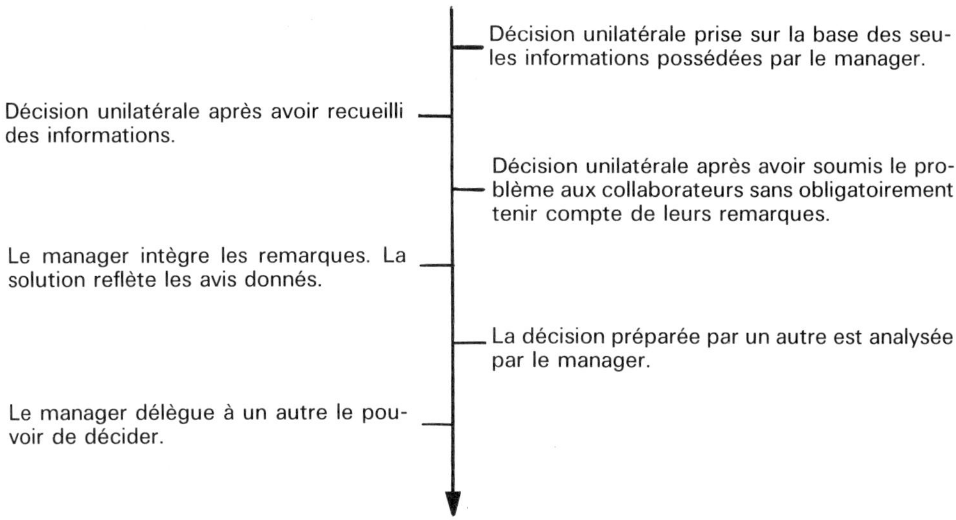

Fig. 4.22 : **Les différentes modalités de la décision individuelle**

Processus de décision et démocratie

En entreprise, la tentation est grande d'utiliser le vote au moment du choix final ou quand la situation se trouve bloquée. Cet « emprunt » à la vie démocratique civile masque en fait un refus de la confrontation d'idées différentes.

Nous jugeons ce type de procédé négatif pour quatre raisons :

– Les opinions n'ont pas le même poids car il existe toujours des différences d'expertise.

– Cela revient également à ne pas laisser jouer les effets propres à tout groupe (système d'influence, réseaux d'affinités, leadership).

– Cela contribue à diviser le groupe en minorité et majorité.

– Enfin, cela légalise ce qui doit constituer avant tout un échange fructueux.

Ceux-ci peuvent être aussi bien positifs (ce que je pense gagner) que négatifs (ce que je pense perdre). Ils sont souvent contradictoires pour un même acteur comme par exemple :

– « gagner plus d'argent » et « accepter des contraintes supplémentaires ».
– « avoir plus de pouvoir » et « assumer une plus grande d'autonomie ».
– « gagner en expertise » et « ne plus être indispensable à son poste ».

En fonction de ses enjeux, la personne optera pour des comportements différents : fuite, évitement, conflit ouvert, négociation, soutien ou recherche d'alliances avec d'autres acteurs.

L'analyse stratégique nous invite lors de toute prise de décision à nous intéresser aux aspects suivants :

– Quels sont les acteurs concernés par la mesure ?
– Qui détient de l'information ?
– Qui a un pouvoir de blocage ?
– Quels sont les enjeux possibles pour les différents acteurs ?
– Comment peuvent s'exprimer les résistances ?

Un changement ne se décrète pas et ne se gère pas seul. Il s'agit avant tout de faire participer les principaux acteurs.

Les conseils suivants sont à utiliser une fois la solution retenue, pour effectuer un suivi efficace :

– Informer et commenter la décision afin de dédramatiser la situation.
– Faire s'exprimer les attentes et les craintes.
– Utiliser un langage précis, concret et normatif.
– Eviter de convaincre car cela entretient les processus de résistance.
– Eviter de se justifier ou de faire apparaître le changement comme une fatalité inexorable.
– Eviter de sur-informer car cela engendre de nouvelles questions.
– Chercher à procéder par étapes.
– Savoir négocier quand cela s'avère nécessaire.
– Considérer les résistances comme des indicateurs positifs.

Enfin, le manager cherchera à se définir des critères de contrôle pour apprécier les évolutions en cours.

QUESTIONS CLES A SE POSER

Ces différentes questions reprennent certains aspects abordés tout au long de cette section. Il vous sera ainsi facile de trouver la ou les réponses reflétant l'« état d'esprit » d'un résolveur efficace.

Dans certains cas, les questions ont été étudiées afin de permettre au lecteur de faire son propre bilan.

– Face à un problème particulièrement difficile, comment réagissez-vous habituellement ?

(Indiquez votre choix en répondant par oui ou par non).

ATTITUDE	OUI	NON
– Remettre à plus tard l'étude du problème		
– Prendre du recul et s'interroger sur la situation		
– Rechercher immédiatement une solution		
– Demander conseil à autrui		
– Analyser avec minutie la situation		
– Définir les responsabilités de chacun		
– Chercher à formuler l'objectif à atteindre		

– Quel type de formulation de problème utilisez-vous habituellement ?

— Formulation en termes de solutions ☐

— Formulation en termes de responsabilités ☐

— Formulation en termes de constat ☐

— Formulation en termes d'objectif ☐

A partir d'exemples personnels, précisez les conséquences pratiques de votre façon de procéder :

. . . .

. . . .

– Quelles sont, parmi les étapes de la démarche de résolution de problème présentée, celles :

– que vous mettez le plus facilement en application,
– que vous avez tendance à omettre.

ETAPES	J'APPLIQUE	J'OMETS
Formuler l'objectif		
Interroger la situation		
Analyser la situation		
Produire des options		
Choisir une ou des options		
Mettre en œuvre l'option et assurer le suivi		

Quels enseignements personnels en tirez-vous ?

. . . .

. . . .

– Que signifie pour vous l'expression « résoudre un problème » ?

– Agir le plus vite possible ☐
– Trouver la bonne solution ☐
– Réussir un changement accepté par les personnes concernées ☐
– Analyser les causes du problème. ☐

– Habituellement dans la résolution d'un problème, comment procédez-vous ?

– En laissant faire mon intuition ☐
– En faisant référence à mon expérience de situations analogues ☐
– En respectant scrupuleusement une méthode ☐
– En procédant par étapes, quitte à revenir en arrière si cela s'avère nécessaire. ☐

BIBLIOGRAPHIE

Le pourvoir de juger

- J. PIVETEAU : *L'entretien d'appréciation du personnel,* INSEP Editions, 2e édition, Paris 1985.
- J. TEBOUL : *L'entretien d'évaluation,* Dunod, Paris, 1986
- André GUITTET : *L'entretien,* Armand Colin, Collection U, Paris 1983.

Le pouvoir de déléguer

- Daniel FROISSART : *Les secrets de la délégation réussie,* Editions E.M.E., Paris, 1980.

Le pouvoir de décider

- Pierre LEMAITRE : *Méthodologie appliquée au problem solving,* Chotard et Associés Editeurs, Paris, 1983.
- Pierre LEMAITRE : *La décision,* Collection Formation, Les Editions d'Organisation, Paris, 1981.
- Gilbert RAVELEAU : *Les cercles de qualité français* (4e édition) Entreprise Moderne d'Edition, 1987.
- William OUCHI : Théorie Z, Inter Editions, Paris, 1982.
- Georges ARCHIERE et Hervé SERIEYX : *L'entreprise du 3e type,* Seuil, Paris 1984.

TROISIEME PARTIE :

DEVELOPPEZ VOTRE POUVOIR DANS LES SITUATIONS QUOTIDIENNES

Nous avons volontairement regroupé ces trois chapitres dans une même partie car motiver, communiquer ou se former revient à prendre en compte les éléments clés d'une situation.

La relation n'est plus alors d'ordre hiérarchique.

Il s'établit un lien direct entre l'action à accomplir et le contexte avec tout ce que celui-ci a d'évolutif et de contingent.

Chapitre V

Le pouvoir de motiver

La crise économique a mis en évidence l'importance de disposer d'un personnel qualifié et motivé.

La concurrence impitoyable à laquelle se livrent les entreprises tend à réduire les différences concernant les domaines technique, commercial ou organisationnel. La moindre innovation sur un produit est immédiatement analysée, disséquée, puis copiée sous une forme différente.

Une entreprise entreprend-elle de lancer une nouvelle formule commerciale que ses concurrents directs s'en inspirent pour s'efforcer ensuite de faire mieux.

Face à ce nivellement, la réussite des entreprises performantes repose bien entendu sur une gestion réaliste, une force de vente agressive, des investissements judicieux et un effort important dans la recherche et la mise au point de nouveaux produits.

Mais toutes ces conditions ne suffisent plus à distinguer l'entreprise moyenne de l'entreprise leader sur son marché. Une organisation dynamique regroupe des personnes motivées. Elle sait par dessus tout solliciter ses membres sur ce qu'ils savent le mieux faire et réussir.

La survie des entreprises dépend donc du degré de motivation de leurs membres.

L'inverse est-il vrai ? A savoir, le niveau de motivation des salariés est-il tributaire des performances de l'entreprise ?

Trois réponses peuvent être apportées à cette question selon l'état de santé financière et commerciale de l'entreprise.

• Si l'entreprise se porte mal, il est bien évident qu'elle sera dans l'incapacité de redistribuer les richesses qu'elle n'a pas réussi à créer. Le travail représentant un moyen privilégié d'insertion sociale et de socialisation, les individus auront de plus des difficultés à construire leur identité personnelle et professionnelle. Ils seront donc faiblement satisfaits et encore moins enclins à s'engager pour faire la preuve de leurs capacités.

• Prenons à présent le cas opposé : celui d'une entreprise qui vole de succès en succès. Ce qui représenterait des inconvénients dans le cas précédent, se transforme en avantages. Mais ce n'est pas parce qu'une entreprise prospère qu'elle peut compter sur des membres motivés.

Les concepts de satisfaction et de motivation sont des concepts indépendants. L'un ne s'accompagne pas forcément de l'autre et cela vaut dans les deux sens.

• Enfin, il existe le cas le plus fréquent des entreprises qui se retrouvent dans des situations intermédiaires, ni bonnes, ni mauvaises.

Généralement les augmentations de salaire se font selon la philosophie dite du « mérite personnel » et donnent lieu à des controverses. D'une part, la manne à répartir n'apparaît pas suffisamment conséquente, d'autre part, se pose le problème des critères à retenir pour effectuer cette répartition.

Beaucoup de managers baissent alors les bras et estiment que faute de moyens financiers, ils ne peuvent satisfaire la totalité de leurs collaborateurs. Dans ce cas, mieux vaut ne rien faire plutôt que prendre le risque de mécontenter certains.

Dans ces trois situations, nous pouvons affirmer que le niveau de motivation des collaborateurs dépend des performances de l'entreprise et plus spécialement dans les deux cas extrêmes.

Mais deux questions méritent d'être posées :

– Quel(s) rôle(s) le manager a-t-il à jouer dans le processus de motivation, en particulier dans la situation intermédiaire évoquée plus haut ?

– L'aspect instrumental (ou financier) représente-t-il le seul moyen de motiver ou existe-t-il d'autres voies possibles ?

Nous répondrons à ces deux questions un peu plus loin.

Les conséquences économiques de la non motivation sont multiples, mais nous ne retiendrons que les principales :

– En 1981, par exemple, *le coût de la non qualité* a été évalué à 100 milliards de francs.

Même si la non motivation n'explique pas à elle seule ce résultat nous pouvons formuler l'hypothèse qu'elle y contribue.

– *La stagnation de la productivité.*

Celle-ci ne dépend pas seulement de la qualité des décisions et des investissements réalisés au plan technique. La productivité est également liée au degré d'acceptation des choix effectués et à la volonté des collaborateurs d'améliorer ceux-ci.

– Enfin, le *phénomène d'absentéisme* oblige certains managers à se dèqualifier en suppléant leurs collaborateurs absents et à faire des prouesses pour atteindre les objectifs de production fixés.

Le problème des motivations est d'autant plus délicat que le paysage social et le profil de la population active évoluent considérablement.

– Les jeunes qui arrivent sur le marché du travail ont acquis une formation initiale plus poussée et ne sont pas prêts à accepter n'importe quel travail. Ce qui apparaît plus significatif encore est l'évolution de leur système de valeurs.

– Le pourcentage plus important de femmes salariées, et donc de ménages à deux salaires, constitue un élément lourd de conséquences. D'autant plus que la décision pour une femme d'entrer dans la vie active se situe autant dans la conquête de son identité propre que dans l'obtention d'un second revenu.

– Enfin, on assiste à une désacralisation du travail. Si l'entreprise représente davantage aujourd'hui une valeur de référence, beaucoup de salariés ne souhaitent plus s'y investir totalement. Bon nombre de salariés recherchent des centres d'intérêts ailleurs. Vie professionnelle et vie personnelle tendent ainsi à s'équilibrer.

PRINCIPALES FORMES DE MECONNAISSANCES

Nous ne décrivons ici que les cinq principales formes de méconnaissances que nous constatons dans le cadre de nos séminaires.

1 – *Croire à l'existence de lois générales sur les motivations*

Le manager qui entretient cette forme de méconnaissances met l'ensemble de ses collaborateurs sur un pied d'égalité. Pour lui, les membres de son équipe sont tous intéressés par leur travail et présentent les mêmes qualités ou les mêmes défauts.

Il fonctionne avec des schémas préétablis sur ce que sont les motivations des autres. Il ne perçoit pas les particularités et les centres d'intérêts spécifiques de chaque collaborateur.

Malheureusement pour lui, la motivation ne se décrète pas, ce qui lui vaut certains déboires ! Il méconnaît l'existence des signes caractérisant les motivations de chacun de ses collaborateurs.

2 – *Confondre motivations et état*

Qui n'a entendu un jour un manager s'exclamer : « Donnez-moi des gens motivés et je pourrai peut-être faire mon travail ! » Ce manager fait l'hypothèse que la motivation est un état : on est ou on n'est pas motivé ! (on pourrait dire également on naît ou pas motivé).

Il attend bien sûr de ce collaborateur motivé qu'il manifeste cette qualité de façon permanente. Dans tous les cas, il exclut toute forme de responsabilité personnelle et ne voit pas comment il pourrait contribuer à susciter des initiatives chez les membres de son équipe.

Ce manager méconnaît le caractère fluctuant et complexe des motivations.

3 – *Croire aux recettes venant des autres*

Ce manager est généralement conscient de la difficulté du problème. Lorsqu'il participe à un séminaire, il s'en remet totalement à l'animateur et attend de lui des solutions toutes faites. Une fois sur le terrain, ces solutions miracles ne donnent évidemment pas les résultats escomptés.

Cette personne méconnaît à la fois ses possibilités d'action et ses aptitudes personnelles.

4 – *Assimiler motivations et rémunérations*

Ce responsable part du principe que, faute de moyens financiers, il lui est impossible de motiver ses collaborateurs : « Vous pouvez me dire ce qui les intéresse, à part la carotte ? »

Cette personne méconnaît la fiabilité des options qui s'offrent à elle.

5 – *S'en remettre aux autres*

Ce manager connaît bien ses collaborateurs et est dans l'ensemble apprécié d'eux. Il sait comment s'y prendre et leur présenter les choses, mais préfère s'en remettre à l'entreprise, ou au service du personnel.

Il méconnaît son aptitude personnelle à motiver chaque collaborateur de façon spécifique.

CONSEILS ET OUTILS POUR DEVELOPPER SON EFFICACITE PERSONNELLE

Il importe en premier lieu de donner une définition de la motivation. Nous avons vu en décrivant les méconnaissances que *la motivation n'est pas un état ou une qualité acquise une bonne fois pour toutes.*

Nous pouvons compléter en affirmant *qu'elle n'est pas uniquement une caractéristique dérivant du travail confié :* selon ce principe, il y aurait ainsi des tâches intéressantes qui motivent, et des tâches sans signification et insipides qui secrètent l'ennui.

La motivation constitue, au contraire, un processus dynamique qui se construit dans un ensemble de relations.

Dans cette perspective, le collaborateur est acteur ou choisit de ne pas l'être. La motivation est liée à trois éléments qui sont :

* l'individu,
* la tâche ou les objectifs fixés,
* la situation.

Chaque individu possède son propre système de valeurs. Il a une perception particulière de la situation dans laquelle il se trouve et qui l'incite à s'investir plus ou moins.

La tâche ou les objectifs fixés présentent, quant à eux, un caractère plus ou moins attractif pour la personne.

Enfin, la relation originale qui s'établit entre l'individu et sa tâche constitue ce que nous appelons la situation. Le collaborateur aura plus ou moins de recul par rapport à la situation, disposera de beaucoup ou de peu d'informations, aura une autonomie large ou faible.

Il n'existe pas actuellement de modèle permettant d'expliquer les comportements de l'ensemble des catégories socio-professionnelles.

Celui que nous allons présenter n'a pas la prétention d'apporter une réponse exhaustive et générale à vos préoccupations présentes mais plus modestement de vous fournir une grille pour lire la réalité actuelle.

Le modèle des quatre formes d'engagement (1)

Nous préférons utiliser le terme d'engagement à celui de besoins, cette dernière notion faisant référence à des modèles hiérarchiques (2).

La caractéristique principale des formes d'engagement est qu'elles peuvent se manifester simultanément.

L'équation personnelle d'un individu réside dans le dosage entre ces composantes. Par engagement, nous entendons la quantité d'énergie positive qu'un individu accepte d'investir et qui le pousse à entreprendre une action.

Définition des quatre formes d'engagement

La première forme d'engagement s'appelle l'engagement *instrumental.* C'est généralement le type de motivation qui est mis en avant par les managers quand ils parlent de leurs collaborateurs (figure 5.1).

L'engagement instrumental regroupe trois types d'éléments :

– en premier lieu, tous les éléments concourant à la satisfaction matérielle de l'intéressé : recherche de la sécurité, obtention d'un salaire, primes ou gratifications ;

– en second lieu, tout ce qui touche au statut (grade, titre, participation à certaines réunions) ou qui permet d'obtenir des signes de reconnaissance sociale (importance du bureau, voiture de fonction...) ;

– enfin, nous mentionnerons l'attachement et le respect portés à l'organisation hiérarchique. Ce dernier élément est le corollaire du précédent.

L'engagement instrumental représente la *rémunération objective* aux yeux du collaborateur. Elle s'inscrit dans le cadre du contrat de travail : la personne échange donc un niveau de contribution en contrepartie de sa rétribution et de certains signes sociaux extérieurs.

---

(1) : Voir l'ouvrage de Daniel Pernin : « *La gestion des cadres, acteurs de leur carrière* », Editions Hommes et Techniques, Paris, 1985.

(2) : Voir les théories de Herzberg et Maslow.

Il n'est pas inutile de préciser que chacun s'engage à des degrés divers et selon la perception subjective qu'il a de son métier et de son poste.

Certains collaborateurs ont un faible engagement instrumental : ils dissocient, dans leur esprit, la réalisation d'un gain et l'aspect expressif de leur travail (variété des tâches, prise de responsabilités, participation aux décisions). D'autres, à l'opposé, font preuve d'un engagement instrumental exacerbé. Partant du principe que tout travail mérite salaire, et un salaire équitable, « ils en donnent juste pour leur argent ».

- Salaires, primes, gratifications.
- Grade, titre, statut.
- Recherche de la sécurité.
- Attachement et respect de l'organisation hiérarchique.
- Signes sociaux de reconnaissance : voiture de fonction, bureau particulier.
- *Valeurs clés* : réaliser des gains et être reconnu socialement.

Fig. 5.1 : **Points clés de l'engagement instrumental**

La seconde forme d'engagement correspond à la volonté de s'affirmer comme le « patron » de son équipe et de ses affaires, c'est l'engagement *managérial* (figure 5.2).

Le management des hommes et la recherche de résultats représentent les deux points clés.

Animer son équipe, réaliser des gains de productivité, augmenter sa part de marché, réduire ses dépenses sont les préoccupations, parmi d'autres, de ce collaborateur.

Ce type de personne a une représentation claire et réaliste de son pouvoir et de ses rôles. Elle fonctionne en se donnant régulièrement de nouveaux objectifs. Certains vont même jusqu'à accepter des défis personnels. L'autonomie constitue une valeur essentielle pour ces collaborateurs.

- Etre patron de ses affaires.
- Animer et diriger son équipe.
- Obtenir des gains de productivité.
- Améliorer la sécurité.
- Augmenter son taux de pénétration sur son marché.
- Réduire ses dépenses.
- Se fixer des objectifs, voire des défis.
- *Valeur clé* : l'autonomie.

Fig. 5.2 : **Points clés de l'engagement managérial**

La troisième forme d'engagement porte le nom d'engagement *professionnel* (figure 5.3)

Elle est caractéristique de beaucoup de jeunes qui arrivent sur le marché du travail. Ces salariés cherchent avant tout à accroître leur zone de compétence et à élargir leur horizon professionnel. Le moyen terme l'emporte sur le court terme. La formation représente à leurs yeux une opportunité inconstestable de progrès.

Ils n'hésitent pas à établir des relations avec des confrères d'autres entreprises dans le cadre et en dehors du travail. Toutes les occasions sont bonnes pour apprendre et se remettre en cause. Si leur manager leur confie une mission nouvelle, ils l'acceptent immédiatement. Pour eux, il s'agit avant tout d'apprendre, de s'évaluer et d'améliorer leur capital de savoir-faire.

Ils conçoivent l'entretien d'appréciation annuel comme la possibilité de faire le point. La valeur clé est la nouveauté et la variété des expériences.

- Réaliser des expériences nouvelles.
- Rechercher les échanges et les confrontations avec d'autres collègues.
- Améliorer ses compétences grâce à la formation.
- Se remettre en cause.
- Faire son bilan dans le cadre de l'entretien d'appréciation.
- *Valeur clé* : variété des aptitudes et des capacités à mettre en œuvre.

Fig. 5.3 : **Points clés de l'engagement professionnel**

La quatrième et dernière forme d'engagement s'appelle l'engagement *communautaire* (figure 5.4).

Pour ces personnes, le travail est avant tout un travail d'équipe qui repose sur la confiance entre tous ses membres.

Elles recherchent dans le travail la possibilité de développer leur identité personnelle et professionnelle. Elles ont un fort sentiment d'appartenance au groupe.

Ces collaborateurs jugent les réunions d'expression des salariés et les cercles de qualité comme une chose positive. Ils apprécient d'être régulièrement informés des résultats de leur équipe. Ils souhaitent être associés et consultés sur tous les sujets d'actualité.

Pour eux, le manager efficace se définit par un bon niveau d'écoute et par sa capacité à organiser la coopération au sein de l'équipe. Il doit également être capable de s'intéresser au travail de ses collaborateurs et de le suivre.

Pour eux, le travail n'est pas synonyme d'obligations. Il leur paraît possible de concilier plaisir et travail, humour et recherche de résultats ; ils accueillent favorablement l'idée de renforcer leurs liens professionnels par un week-end à la montagne.

Les valeurs clés sont la qualité des relations et l'ensemble des facteurs liés à l'ambiance du travail.

- Travailler en groupe.
- Etre écouté et considéré.
- Avoir un sentiment d'appartenance par rapport au groupe.
- Rechercher la coopération au sein du service et entre services.
- Accorder de l'importance aux réunions.
- Savoir introduire l'humour, le plaisir et le jeu dans le travail.
- Etre informé, associé, consulté.
- *Valeur clé* : qualité des relations.

Fig. 5.4 : **Points clés de l'engagement communautaire**

Les trois dernières formes d'engagement représentent ce que nous appellerons la *rémunération subjective* (voir figure 5.5).

L'évolution des constantes économiques (diminution de l'inflation) et la gestion financière plus stricte des entreprises réduisent les possibilités instrumentales des managers.

Cette situation nouvelle ne signifie pas qu'il leur est impossible de prendre en compte les motivations de leurs collaborateurs. Il leur faut faire autrement.

Et surtout, il leur faut faire preuve de créativité, d'astuces, d'ingéniosité afin de repérer les mille et un détails qui représenteront autant de leviers pour susciter l'engagement d'un collaborateur.

Notre point de vue ne consiste pas à défendre la position selon laquelle la motivation est décorrélée de toute forme de sanction financière. Celle-ci ne représente que l'un des facteurs d'engagement parmi d'autres.

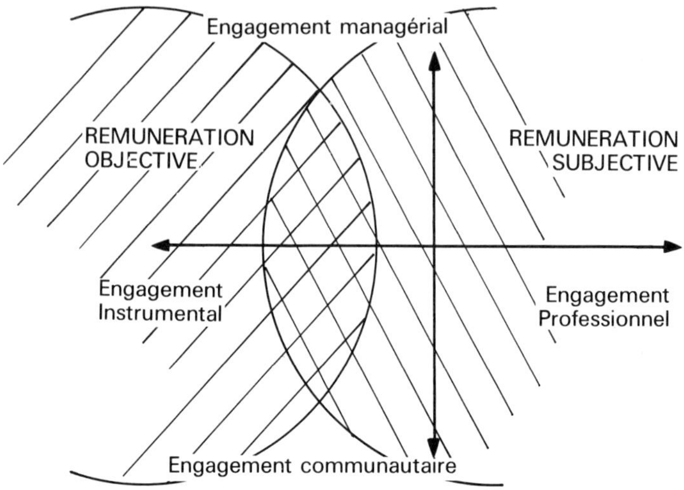

Fig. 5.5 : **Schéma général des quatre formes d'engagement**

Certains auteurs (3) font un lien entre les formes d'engagement et l'âge des personnes :

– ainsi les personnes jeunes ont-elles tendance à mettre l'accent sur toutes les formes de socialisation et donc sur l'engagement communautaire ;

– après quelques années d'expérience, la personne privilégie le contexte du travail et se centre davantage sur les tâches (engagement professionnel et managérial) ;

– enfin, dans les dernières années de sa vie professionnelle, l'accent est mis sur le salaire et les conditions de travail (engagement instrumental).

Ce dernier élément confirme bien le caractère complexe et évolutif des motivations.

Se méfier de nos croyances

Chacun est trop souvent victime de ses propres croyances et les érige en loi générale qui s'applique uniformément à tous ses collaborateurs.

Pour éviter de céder à ses propres schémas de référence, il est possible de s'entourer d'un certain nombre de précautions :

(3) Voir Katz.

– être à l'écoute sans a priori de nos collaborateurs,
– mettre à profit les discussions impromptues avec eux,
– s'intéresser à leurs activités extra-professionnelles ;
– se demander quels sont les sujets qui reviennent le plus souvent dans leurs propos.

Ainsi, le profil des formes d'engagement de Pierre D., 45 ans, contremaître dans un atelier d'usinage, traduit une double préoccupation, comme l'illustre la figure 5.6.

– réussir en tant que contremaître,
– être reconnu et récompensé par son entreprise.

Pierre D. a sous ses ordres Alain S., 30 ans, chef d'équipe nouvellement embauché. Celui-ci souhaite acquérir une qualification supérieure et établir des relations de confiance avec les membres de son équipe.

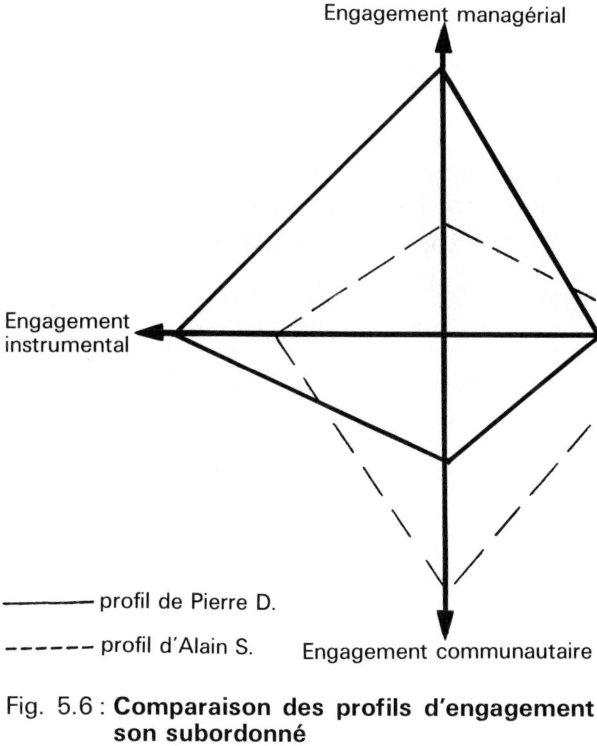

Fig. 5.6 : **Comparaison des profils d'engagement d'un contremaître et de son subordonné**

Les risques sont grands pour ce contremaître de ne pas comprendre ce qui motive son chef d'équipe et de ne pas utiliser les bons leviers.

Motiver ses collaborateurs implique que le manager mette en œuvre trois attitudes :

– Reconnaître aux autres le droit d'avoir des centres d'intérêt différents des siens.

– Faire avec les qualités et les capacités actuelles de ses collaborateurs.

– Trouver des compromis entre les aspects qui présentent une valeur positive aux yeux du collaborateur et les contraintes de l'entreprise.

Pour conclure la présentation de cet outil, nous vous soumettons quelques exemples de pistes d'action correspondant aux formes d'engagement managérial, professionnel et communautaire.

Chaque liste est indicative et le lecteur pourra la compléter en fonction des particularités de son environnement et de son poste (figures 5.7, 5.8 et 5.9).

- Déléguez une partie de vos pouvoirs en précisant la zone d'autonomie à la personne.
- Demandez-lui conseil pour des questions qui relèvent du niveau hiérarchique supérieur (la personne vivra cela comme une valorisation).
- Faites-vous remplacer par cette personne lorsque vous partez en congé.
- Associez-la aux décisions à prendre en matière de gestion du personnel (formation, recrutement ...).
- Confiez-lui des tâches ou des objectifs qui la valorise aux yeux des autres.
- Evitez d'exercer un contrôle trop tâtillon.

Fig. 5.7 : **Pistes d'action pour développer l'engagement managérial**

- Cherchez à élargir et enrichir leur poste.
- Fixez avec eux des objectifs ambitieux.
- Jouez sur la variété et la nouveauté des tâches confiées.
- Sollicitez-les quand il s'agit de résoudre un problème délicat.
- Etudiez avec eux leurs besoins de formation.
- Faites le point régulièrement sur leur progrès professionnel.
- Considérez-les comme des « experts » et dites-leur.
- En cas d'innovation technique ou commerciale de concurrents, demandez-leur de constituer un dossier.
- Associez-les à tout changement dans le service (exemple : l'introduction de micro-ordinateurs).

Fig. 5.8 : **Pistes d'action pour développer l'engagement professionnel**

- Félicitez-les sur leurs réussites.
- Demandez-leur de préparer une partie de vos réunions.
- S'ils sont bons pédagogues, confiez-leur la formation des nouveaux embauchés.
- Faites-les participer à des travaux collectifs (exemple : création d'un dossier en relation avec un autre service).
- Informez-les sans tarder des derniers changements intervenus.
- Consacrez-leur une partie de votre temps chaque jour.
- S'il s'agit de faire visiter l'entreprise à quelqu'un d'extérieur, proposez leur cette mission.
- Sachez sortir des questions strictement professionnelles.
- En cas de conflit entre deux membres de votre équipe, mettez à contribution leurs talents de négociateur.

Fig. 5.9 : **Pistes d'action pour développer l'engagement communautaire**

Satisfaction et motivation sont-ils synonymes ?

Certains managers estiment que si leurs collaborateurs bénéficient de bonnes conditions de travail et d'un salaire satisfaisant, ils doivent obligatoirement manifester un niveau d'engagement élevé.

L'existence d'un chômage chronique renforce cette vision du problème : « Après tout pourquoi se plaint-il celui-là, il a déjà un emploi ? ».

En fait, notre expérience de l'entreprise nous incite à relativiser ce type de jugement.

Nous pouvons rencontrer des personnes ayant toutes les raisons d'être satisfaites, qui le reconnaissent elles-mêmes, et qui ne manifestent qu'un faible enthousiasme pour leur travail.

A l'opposé, certains collaborateurs, qui auraient des motifs légitimes de se déclarer insatisfaits, parviennent à s'investir pleinement dans leur travail au point de surprendre leur entourage.

Il nous faut donc renoncer à l'idée qu'un collaborateur satisfait et heureux serait plus productif et soucieux de qualité.

Nous opérerons une distinction entre les facteurs qui contribuent à réduire le niveau d'insatisfaction et les facteurs qui permettent de développer les motivations et donc le niveau de participation des collaborateurs.

Les premiers sont généralement désignés sous le nom de « facteurs extrinsèques » et relèvent de la situation en général. Ils dépendent souvent de la politique générale pratiquée par l'entreprise et des règles en vigueur en matière de gestion de personnel.

Nous pouvons à titre d'exemples citer les facteurs suivants :

– Le niveau de salaire.
– Les conditions de travail et de sécurité.
– L'organisation générale du travail.
– La stabilité dans son emploi.
– La possibilité de bénéficier d'avantages sociaux.
– Le fait d'avoir un contrat de travail à durée indéterminée.
– Et d'une façon générale, savoir de quoi demain sera fait.

Le second type de facteurs est appelé « facteurs *intrinsèques* ». Ils sont par nature très spécifiques à certaines situations et concernent davantage les relations qui se nouent entre chaque collaborateur et son manager.

On peut citer à titre d'exemples :

– La possibilité de formuler des remarques et des critiques.
– Le fait d'être consulté pour certaines décisions.
– Le fait de participer ou d'être associé aux prises de décision.
– Le contrôle de sa propre activité.
– La variété et la nouveauté des tâches confiées.
– L'autonomie dont dispose le collaborateur.
– Le caractère de challenge ou de défi des tâches.
– L'existence de liens directs entre le collaborateur et l'utilisateur ou le client.
– La possibilité de proposer des modifications concernant le travail.
– Le fait de pouvoir exercer l'ensemble de ses compétences.
– Le fait de développer et d'acquérir de nouvelles compétences.
– L'innovation ou la création de nouveaux produits, idées, procédures.
– Le fait d'être informé sur l'évolution des résultats du service ou de l'entreprise.
– La qualité des relations entre les personnes.

Certains managers ont une approche paradoxale du problème des motivations : ils réduisent les motivations aux seuls facteurs extrinsèques, facteurs sur lesquels ils ont un faible pouvoir ou encore un pouvoir qu'ils partagent avec les services fonctionnels et la direction de leur entreprise.

La méconnaissance porte alors sur les possibilités d'action offertes par les facteurs intrinsèques. Ces derniers sont négligés et c'est généralement l'argument du manque de temps qui vient justifier cette croyance.

Savoir définir les missions confiées à ses collaborateurs

Le fait de confier une mission à un collaborateur s'apparente quelquefois à une simple répartition d'une charge de travail, si possible avec un souci d'équité.

Cette façon de faire revient à s'en remettre au hasard et risque de provoquer des réactions de frustration ou de mécontentement chez l'intéressé.

Fixer un objectif à un collaborateur revient à se poser trois questions [(4)] :

– Quelle valeur l'intéressé accorde-t-il au travail qui lui est proposé ?

– Comment ressent-il le niveau de difficulté de la tâche soumise ?

– Enfin, quelle correspondance y-a-t-il entre l'objectif et le résultat recherché par l'intéressé ?

Reprenons une à une ces trois questions.

Pour la première question, commençons par un exemple : un technicien effectue normalement son travail. Il a peu d'attentes professionnelles et préfère s'investir dans sa vie privée. Si son supérieur hiérarchique lui propose des missions toujours identiques, il a toutes les raisons de se montrer satisfait. Le fait de lui confier des tâches nouvelles peut provoquer une réaction de démotivation.

Le contre-exemple est celui d'un jeune collaborateur qui vient d'obtenir un BTS et souhaite faire la preuve le plus rapidement possible de ses capacités et de son autonomie. Il constate après quelques mois que son premier emploi le confine dans des tâches obscures et répétitives.

Ce qui s'avère adapté dans le premier exemple ne l'est plus dans le second et réciproquement. Il est illusoire d'ambitionner de n'avoir que des collaborateurs motivés et, si possible, de façon permanente.

Ces deux exemples mettent en évidence l'importance de la *représentation* que se fait le collaborateur de la tâche confiée et la valeur positive ou négative qu'il lui confère.

---

(4) Se référer pour cela à V. Vroom, *Work and Motivation,* Wiley, New York, 1964.

La seconde question touche au niveau de difficulté représenté par l'objectif. Il s'agit de savoir dans quelle mesure la personne *se sent capable* d'accomplir le travail.

Le processus de démotivation survient d'une trop grande facilité, du caractère répétitif de la tâche ou, à l'opposé, d'une mission perçue comme impossible à réussir.

Le tableau 5.10 récapitule les différents niveaux de motivation correspondant à la perception du niveau de difficultés.

PERCEPTION DU NIVEAU DE DIFFICULTE	DESIGNATION DE L'ACTIVITE	DEGRE DE MOTIVATION
Le collaborateur a déjà réalisé le travail. Le contexte lui est connu. Il y a peu d'incertitude. Il se donne 100 % de chances de réussite.	TACHE	Motivation moyenne.
Le collaborateur doit effectuer un travail partiellement nouveau pour lui. La situation a pu évoluer. Il se donne 80 % de chances de réussite.	OBJECTIF REALISTE	Motivation élevée.
Le collaborateur se voit imposer un travail complètement nouveau. Il se donne 60 % de chances de réussite.	OBJECTIF MAXIMALISTE OU UTOPIQUE selon le résultat	Crainte. Motivations fluctuantes selon les événements.
Le collaborateur doit effectuer un travail nouveau dans un contexte incertain et/ou difficile. Il se donne 40 % de chances de réussite.	CHALLENGE	Forte appréhension face aux difficultés. Le niveau de motivation baisse rapidement.
Aux conditions précédentes, il faut ajouter le fait que la personne se trouve dans une situation de crise ou encore que les moyens lui font défaut. Elles se donne 20 % de chances de réussite.	DEFI	Si la personne réalise le risque pris, elle baisse les bras.

Fig. 5.10 : **Degré de motivation et perception du niveau de difficulté des tâches à accomplir**

Pris sous un autre angle, un collaborateur se croit surtout capable de réaliser des missions pour lesquelles il perçoit une forte adéquation entre moyens et objectif. La prise de risques est alors psychologiquement acceptable.

La troisième question est celle de la « récompense » à laquelle pense prétendre la personne concernée. Le premier réflexe nous fait penser aux gratifications matérielles : salaire, primes, promotion. Les « récompenses » peuvent s'exprimer également sous la forme d'un renforcement de l'estime de soi, l'élargissement de sa zone d'autonomie ou la possibilité de développer des compétences nouvelles.

Les réponses que l'on peut apporter à ces trois questions présentent un aspect fortement *subjectif*. Les lois générales n'existent pas en matière de motivation. Seulement des options spécifiques à des situations contingentes. De quoi démobiliser certains managers soucieux de formules définitives et passe-partout !

Elargir ou enrichir le travail ?

Nous utilisons indifféremment plusieurs expressions pour traduire le souci de revaloriser le travail : combinaison de tâches, permutation de postes, élargissement des tâches, enrichissement du travail, groupes semi-autonomes...

En fait l'ensemble de ces termes renvoie à deux formes distinctes d'amélioration du travail :

* l'amélioration « horizontale » ou élargissement des tâches,
* l'amélioration « verticale » ou enrichissement du travail.

L'amélioration « horizontale » constitue une réponse à la fragmentation du travail. Le collaborateur qui effectuait des activités parcellaires se voit confier un travail plus intégré, quelquefois avec la possibilité d'exercer son propre contrôle. L'élargissement des tâches va de pair avec un allongement de la durée du cycle de travail. L'aspect important est que le collaborateur se situe au même niveau de compétence et de responsabilités.

L'amélioration « verticale » correspond à un transfert de responsabilités au profit du collaborateur. Celui-ci augmente son niveau d'autonomie et assume des missions plus complexes.

L'enrichissement du travail touche donc à la répartition du pouvoir entre les personnes et se concrétise au travers du processus de délégation.

Il implique que le manager accepte cette situation et vive le transfert de responsabilité comme une chose positive.

Tous les collaborateurs ne sont pas demandeurs de plus de responsabilités et, quand ils le sont, ils préfèrent quelquefois se maintenir au niveau qui est le leur actuellement.

Il appartient au manager de distinguer s'il a intérêt à raisonner en termes d'amélioration « horizontale » ou d'amélioration « verticale », avec chaque collaborateur.

Elargissement des tâches comme enrichissement du travail doivent amener le manager à s'interroger sur plusieurs points précisés dans la figure 5.11.

* Comment le collaborateur vit-il le fait d'avoir à assumer des responsabilités nouvelles ? (promotion ou ennuis)
* L'intéressé préfère-t-il une amélioration « verticale » ou « horizontale » de son travail ?
* Comment avez-vous prévu de l'associer à ses nouvelles responsabilités ?
* Est-il prévu une action de formation permettant au collaborateur d'investir progressivement ses nouveaux rôles ?
* En cas de réussite, qu'avez-vous prévu pour lui ?
* En cas d'enrichissement du travail, comment vivez-vous le transfert de responsabilités ? (concurrence ou réussite personnelle).

Fig. 5.11 : **Questions clés à se poser avant d'élargir ou d'enrichir le travail d'un collaborateur.**

Image de soi et signes de reconnaissance

Dans beaucoup d'organisations, les supérieurs considèrent comme un fait normal la réussite de leurs collaborateurs : « Après tout ils sont payés pour cela ! ». Parallèlement, les mêmes personnes mettent volontiers l'accent sur les contreperformances et les échecs de leurs subordonnés.

Faute d'informations en retour, le collaborateur entre dans un processus de démotivation : il commence par se désintéresser de son travail, se montre moins exigeant vis-à-vis de lui-même et fait quelques erreurs pour lesquelles il est bien sûr rappelé à l'ordre !

Nous tenons à citer la remarque d'un cadre rencontré lors d'une intervention de conseil : « Vous trouvez ça normal de ne pas s'entendre dire ce que l'on pense de vous en sept ans ? Pourtant ça ne coûte pas grand chose. Je me doute bien sûr que s'il y avait le moindre problème, il n'hésiterait pas à m'en faire la remarque ! ».

Le compliment renforce chez l'autre le sentiment d'exister et d'appartenir à un groupe. Féliciter un collaborateur revient à lui renvoyer une image positive de lui-même et à susciter la confiance en ses propres capacités. Il acceptera ainsi plus facilement de prendre des risques.

pour être efficace, le signe de reconnaissance doit être :

– approprié à la situation,
– dosé,
– personnalisé,
– sincère et authentique,
– argumenté.

Certains managers se « forcent » à féliciter leurs collaborateurs. Le risque encouru est que l'intéressé sentira la supercherie et interprètera cette attitude comme une tentative de manipulation.

Entretenir des relations efficaces et motivées avec les membres de son équipe passe donc par le souci de valoriser les points forts et les qualités de ses partenaires.

QUESTIONS CLES A SE POSER

* Combien de temps consacrez-vous chaque semaine à vos différents collaborateurs pour faire le point avec eux sur leurs missions ?

* Quels sont les principaux centres d'intérêts de vos collaborateurs ?

– sur un plan professionnel

....

....

– sur un plan personnel

....

....

* Comment les utilisez-vous pour développer leur motivation ?

* Choisissez l'un de vos collaborateurs et effectuez le bilan de ses qualités et de ses défauts.

Qualités	Défauts
______________________	______________________
______________________	______________________
______________________	______________________

* Avez-vous tendance à percevoir plutôt ses qualités ou plutôt ses défauts ?

* Quand avez-vous fait un compliment à un collaborateur pour la dernière fois ?

* Comment a-t-il réagi ?

* Pensez à l'un de vos collaborateurs avec qui vous êtes en bons termes et brossez son profil des formes d'engagement (bien sûr il est possible que vous fassiez certaines erreurs).

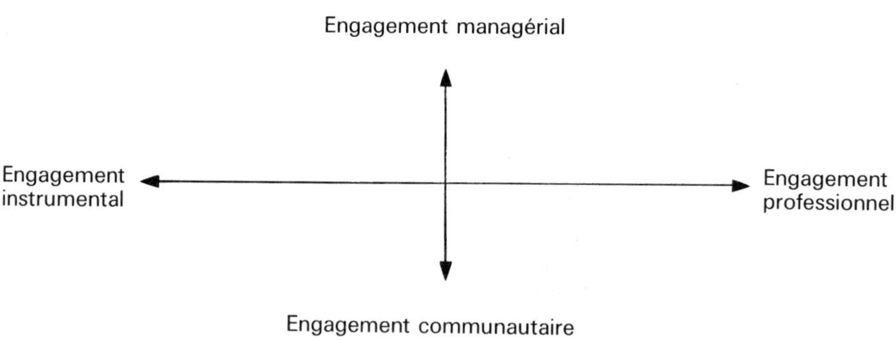

Citez à présent des exemples d'action à entreprendre qui prennent en compte ses formes d'engagement dominantes.

Chapitre VI

Le pouvoir de communiquer

Nous nous centrerons principalement, dans ce chapitre, sur l'étude des formes de communication inter-individuelle. Nous aborderons les formes de communication en groupe et laisserons de côté les communications de masse.

Le thème de la communication est devenu un thème fourre-tout, suffisamment large pour être évocateur pour tous. Ce thème exerce également un attrait : chacun d'entre nous a souvent une anecdote récente ou une mésaventure croustillante à raconter sur les phénomènes de non-communication.

Etymologiquement « communiquer » signifie partager ou mettre en commun, ce qui implique l'idée de réciprocité.

Notre souci de rationalité et de formalisation nous a conduit à emprunter à la théorie de l'information un modèle apparemment satisfaisant pour identifier et comprendre les dysfonctionnements dans nos transactions : nos échanges se comprennent alors comme une relation entre un émetteur et un récepteur, avec la possibilité d'un contrôle.

Une première question à se poser est : Jusqu'où le parallèle avec le modèle cybernétique est-il acceptable ?

Sur un autre plan, nous constatons dans les organisations un développement tout azimut des formes de communication. La question n'est plus alors « Comment mieux communiquer avec mes interlocuteurs ? » mais « Quelles modalités de communication et d'expression retenir ? ».

Ce sera l'occasion pour nous d'examiner de plus près le phénomène de rumeurs.

Mais passons à présent en revue les principales formes de méconnaissances en matière de communication.

DESCRIPTION DES PRINCIPALES FORMES DE MECONNAISSANCES

Les quatre méconnaissances qui suivent présentent plusieurs points communs :

* la personne qui s'exprime fait l'hypothèse que toute incompréhension entre elle et son interlocuteur incombe à ce dernier ; elle s'appuie plus sur son système de valeurs qu'elle ne tente de s'adapter à celui de l'autre ;

* elle ignore l'influence de ses propres attitudes, a priori ou idées sur la façon dont l'autre reçoit son message ;

* elle ne perçoit pas toujours les signes extérieurs traduisant la façon dont ses propos sont reçus.

1– *S'exprimer sans tenir compte de son interlocuteur ou de la situation*

La communication dans l'absolu n'existe pas. Nous ne sommes confrontés qu'à des interlocuteurs particuliers et à des situations spécifiques.

Néanmoins, la personne agit d'une façon uniforme avec son entourage. Dans certaines situations, elle communique sans objectif particulier ou encore sans souci de défendre ses propres intérêts. Ce type de personnes adopte un comportement peu stratégique.

2– *Manifester un souci excessif pour les détails et/ou pour la forme*

L'un et l'autre sont des variantes d'une attitude profonde qui consiste à s'écarter de ses intentions initiales ou à les oublier. La personne perd de vue les idées maîtresses de son propos.

Dans le premier cas, elle se noie dans des détails techniques qui échappent à son interlocuteur. Dans le second, elle privilégie la forme sur le fond.

3– *Considérer les communications comme une simple transmission d'idées*

La personne occulte toute une série de dimensions parmi lesquelles sa propre attitude corporelle, l'influence de son statut dans l'interaction... Elle va directement au but, sans souci de respecter un certain nombre de précautions et de rituels.

4– *Confondre « communiquer » ses idées et « vendre » ses idées*

La communication, en ce cas, est synonyme de rapport de force. Il s'agit davantage d'imposer ses idées à l'autre que d'échanger ou confronter des points de vue différents.

CONSEILS ET OUTILS POUR DEVELOPPER SON EFFICACITE PERSONNELLE

L'acte de communication présente plusieurs facettes. Il constitue avant tout un processus dynamique soumis à des distorsions et des décalages.

Aussi commencerons-nous par l'étude de ces deux types de phénomènes, puis nous nous intéresserons aux rumeurs pour en tirer des enseignements sur les choix de formes de communication et des modes d'expression. Nous conclurons ce chapitre en accordant une place particulière à la notion de rituel ainsi qu'au rôle central joué par le langage.

L'origine des distorsions dans les processus de communication

Trois facteurs viennent structurer nos échanges quotidiens :
– notre cadre de référence individuel,
– les éléments liés à la situation,
– le processus de communication lui-même.

Le cadre de référence

Le cadre de référence individuel représente un résumé de l'histoire de chacun. Il regroupe l'ensemble des expériences marquantes réalisées par une personne et des valeurs auxquelles elle est attachée. Certaines expériences sont associées à un souvenir agréable ou à une réussite et présentent une connotation positive pour l'intéressé. D'autres évoquent au contraire des situations difficiles, des conflits non résolus ou de cuisants revers.

Notre cadre de référence n'est pas neutre puisqu'il nous donne une perception anticipée de nos interlocuteurs, des situations et nous sert de filtre.

Face à un inconnu, nous aurons ainsi un a priori favorable ou défavorable qui se fondera sur une multitude d'indices parmi lesquels l'allure générale, la manière de s'exprimer, la ressemblance avec une personne connue, la tenue vestimentaire...

Dans une situation nouvelle, nous développerons une pré-perception relative à certains éléments du contexte, tels que :

– la nature possible des relations avec l'interlocuteur,
– les risques potentiels dans la situation présente,
– la marge de manœuvre par rapport à l'autre.

Il suffit pour cela d'imaginer les états d'âme d'un manager qui vient de se voir proposer un nouveau poste.

Il peut, selon les cas, se représenter sa nouvelle situation comme :

– une évolution logique,
– une récompense,
– une opportunité,
– un défi à relever,
– une remise en cause personnelle,
– une sanction.

Notre cadre de référence détermine donc :

* Nos *a priori* et nos *jugements* sur les personnes. * Une *perception anticipée* des situations. * Un ensemble de *stéréotypes* individuels et sociaux.

Les éléments liés à la situation

Les éléments liés à la situation influencent également nos communications interpersonnelles.

Pour nous exprimer, nous prenons en compte consciemment ou inconsciemment une série de variables qui nous offrent une latitude plus ou moins importante pour réagir. Parmi celles-ci, citons l'âge, le sexe, le statut socio-professionnel, les rôles respectifs...

Les différences initiées par chacune d'elles induisent un champ de comportements faiblement prévisibles.

La différence d'âge peut inspirer :

– le respect attentif,
– la possibilité d'apprendre des choses,
– des relations de coopération,
– l'ironie sur le discours usé des « anciens »,
– la crainte de ne pas réussir à se faire comprendre,
– le peur du paternalisme et du recours à la morale.

Il est aisé de constater que l'ensemble de ces réactions présente un caractère subjectif avec tantôt une valence positive et tantôt une valence négative.

La différence de sexe risque de susciter :

– la méfiance,
– l'attrait de travailler avec une personne d'un autre sexe,
– des relations de compétition.

La différence de rôles (par exemple une personne travaillant au service études et développement et l'autre au service fabrication) peut donner lieu à des relations d'échanges, ou à une confrontation des positions, ou encore engendrer de l'indifférence.

Les distorsions dans le processus de communication

Enfin, il existe des distorsions affectant le processus de communication lui-même.

Partons de l'information de base suivante : « Nous risquons d'être rachetés par un grand groupe industriel avan la fin de l'année ». Un certain nombre de distorsions peuvent affecter la structure de ce message original pour aboutir à des résultats très divers (cf. figure 6.1).

NATURE DE LA DISTORSION	RESULTATS
Additon	« Nous risquons d'être rachetés par un grand groupe industriel. Plusieurs propositions ont déjà été faites et sont à l'étude ».
Omission	« Nous risquons d'être rachetés ! »
Transformation optimiste	« Un montage financier a été mis au point et ce n'est qu'une question de temps avant d'être absorbés par un grand groupe industriel. Nous ne changeons en fait que de nom ».
Transformation pessimite (la plus fréquente)	« Nous n'avons pas trouvé de repreneurs et sommes contraints de déposer le bilan. Qu'allons-nous devenir ? ».
Invention	« L'entreprise a réussi a obtenir certaines facilités de nos créanciers et nous voilà tranquilles pour un certain temps ».
Assimilation (à une nouvelle réalité cohérente et plausible)	« Faute d'avoir trouvé un groupe industriel pour nous racheter, la direction va procéder à une réorganisation. Notre activité sera structurée à l'avenir non par produit mais par région ».

Fig. 6.1 : **Les distorsions possibles dans le processus de communication**

Ces principales distorsions peuvent se manifester simultanément. Elle ne comportent rien d'anormal et interviennent régulièrement dans vos transactions avec autrui. Elle viennent se combiner et se rajouter aux effets exercés par votre cadre de référence et les éléments de la situation.

Le schéma 6.2 retrace les différentes étapes d'un processus de communication ainsi que les facteurs susceptibles d'y exercer une influence.

ETAPES	FACTEURS INFLUENÇANT NOS COMMUNICATIONS
Ce que je me représente ↓	- Cadre de référence personnel - Connaissances et lacunes sur le sujet - Recul par rapport à la situation - Méconnaissances
Ce que je souhaite exprimer ↓	- Prudence - Sens stratégique, objectifs spécifiques - Censures et défenses personnelles - Limites imposées par la situation et ses enjeux
Ce que j'exprime réellemment ↓	- Choix d'un vocabulaire plus ou moins adapté - Tics verbaux - Clarté de la pensée - Dévalorisation personnelle
Ce que mon interlocuteur entend ↓	- Bruits extérieurs - Ecoute sélective
Ce que mon interlocuteur comprend ↓	- Niveau de difficulté du message - Distorsions affectant le message - Valeur affective de l'information
Ce que mon interlocuteur accepte ↓	- Censures et défenses personnelles sous la forme d'interprétations et d'évaluation.
Ce que mon interlocuteur se représente	- Capacité de mémorisation - Cadre de référence.

Fig. 6.2 : **Résumé des facteurs influençant une communication**

Description des canaux de communication

Entrer en communication avec quelqu'un revient à adresser à l'autre un faisceau d'informations qui peuvent s'avérer aussi bien convergentes que divergentes. La communication est un acte complexe qui se joue à plusieurs niveaux.

Il existe, selon nous, quatre canaux de communication distincts qui interagissent simultanément :

– le canal technique,
– le canal du processus,
– le canal social,
– le canal affectif.

Les transactions se gèrent sur ces différents canaux même si certaines situations imposent la prédominance d'un ou plusieurs canaux sur les autres.

Nous allons souligner la spécificité de chaque canal puis nous centrer sur l'étude des six formes de décalage.

Le canal technique ou le QUOI

Il concerne d'une part la transmission de significations ou de contenus, d'autre part le respect de certaines règles de langage (grammaticales ou lexicologiques).

Si toute communication implique l'échange d'idées, elle ne peut se résumer à une simple confrontation de points de vue.

Tout ce qui a été vu précédemment dans l'étude du processus de communication s'applique à ce canal.

Le canal du processus ou le POURQUOI

Il renvoie à l'aspect stratégique de nos échanges.

Il se résume au travers des questions suivantes :

– Quels sont mes *objectifs* avoués ou inavoués ?
– Quels sont mes *intérêts* personnels ?
– Comment puis-je m'y prendre pour parvenir à mes fins ?

Le communicateur efficace cherche à se doter d'une stratégie appropriée par rapport à son interlocuteur. Par delà les échanges d'idées, il tente de deviner où son interlocuteur veut en venir. Son écoute se situe donc à deux niveaux :

– ce qui se dit de façon manifeste,
– les intentions sous-jacentes.

Le canal social ou le COMMENT

La communication se définit également comme un acte socialisé. Nous faisons référence ici à la nécessité de respecter et prendre en compte certains rituels et cérémonies. Ces rituels puisent leur origine d'une part dans le fait que chacun se trouve en *représentation* de part son statut social, d'autre part par la nécessité d'être mis en confiance par son interlocuteur.

L'importance de ce canal est mis en évidence en cas de différence de niveau hiérarchique. Dans l'hypothèse où deux personnes se situent à un même niveau, ce canal conserve toute son importance car l'image que l'on se fait de l'autre compte autant que ce qu'il est réellement.

Le canal social est donc associé à trois notions :

* Le respect de certaines conventions entre individus,
* Les différences de statut et donc de pouvoir,
* L'image de marque de chacun.

Le canal du processus et le canal social permettent de distinguer quatre formes de communication selon la présence ou l'absence d'intérêts ainsi que l'existence ou non de différences de statut (figure 6.3).

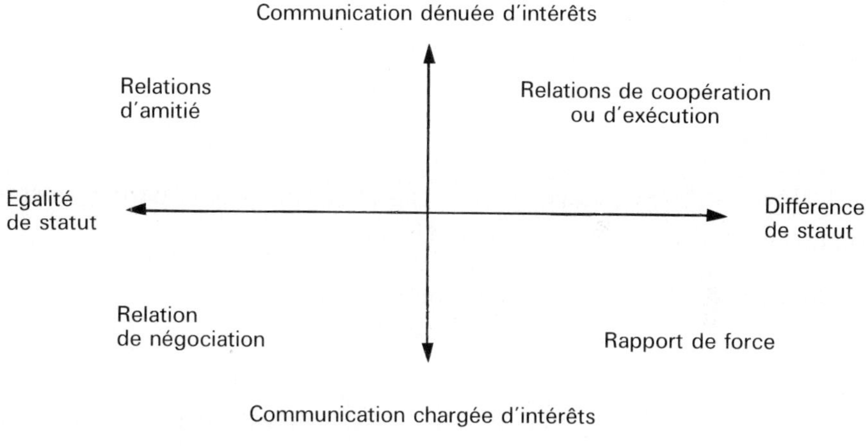

Fig. 6.3 : **Intérêts, statuts et formes de communication**

Il importe de réaliser que le mode de communication n'est efficace que dans la mesure où il s'avère adapté aux caractéristiques de la situation.

Chaque cas de figure fera l'objet d'une réponse particulière.

Le canal affectif ou le QUI

Exprimer une idée ne se réduit pas à une simple traduction en mots. Notre attitude générale participe également à notre mode d'expression.

La personne accompagne alors son idée d'une intonation dans la voix, d'une certaine posture, d'un regard ferme ou d'un mouvement d'agitation des doigts. Le verbe est connoté par le geste et réciproquement.

L'enthousiasme, la réserve, la prévenance, la véhémence sont autant d'illustrations de l'importance du canal affectif.

La gestion des six formes de décalage

Le décalage entre canal technique et canal du processus

Votre interlocuteur affirme certaines idées mais intuitivement vous vous défiez et lui prêtez des intentions différentes.

Vous éprouvez le sentiment « d'être le pigeon » ou encore de ne « pas savoir à quel jeu vous jouez ».

Options efficaces

– Raisonner soi-même en termes d'intérêts

– Préciser les conséquences pratiques qu'entraînent ces allégations

– Poser une question sur le point litigieux pour vérifier ses soupçons

– Verrouiller la situation en recherchant un accord partiel : « nous sommes donc bien d'accord sur le fait que... »

Le décalage entre canal technique et canal social

C'est le cas de toute situation où un collaborateur doit exprimer un message difficile à son supérieur hiérarchique direct.

Le problème est donc de savoir ce qui est acceptable pour la personne à qui l'on s'adresse et accepté par le milieu professionnel où l'on travaille.

Citons comme exemples :

– le fait de formuler une critique justifiée,

– le fait d'exprimer un désaccord sur un objectif ou le choix des moyens,

– le fait de ne pas interpréter des faits de la même manière.

Options efficaces

– Choisir le moment opportun.

– Respecter certaines conditions de forme.

– Rester factuel et précis.
– S'exprimer sur un ton neutre.
– Eviter les généralisations.

Décalage entre le canal technique et le canal affectif

Nous avons affaire à une situation où le langage adopté est démenti par le langage corporel.

La personne qui s'exprime tient des propos amicaux, fait preuve d'un excès de prévenance et utilise un grand nombre de circonlocutions. En votre for intérieur, vous savez qu'il en est rien.

Options efficaces

– Privilégier les signes non-verbaux.
– Exprimer directement son sentiment ou le malaise créé par le décalage.

Décalage entre le niveau du processus et le niveau social

Vous êtes en désaccord avec une personne et il existe une différence de niveau hiérarchique avec elle.

Les attitudes vont de la simple maladresse à la recherche de la confrontation avec l'autre.

Options efficaces

– « Cibler » son interlocuteur, c'est-à-dire se faire une idée de ce qu'il est, de ses valeurs et de ses centres d'intérêts.
– Eviter les solutions extrêmes que sont la soumission ou l'attaque.
– Selon la façon dont l'autre vit son statut, choisir entre la conciliation, la confrontation ou l'acceptation momentanée des arguments de l'autre pour mieux défendre les vôtres par la suite.

Décalage entre le canal du processus et le canal affectif

Vous êtes en face d'une personne qui vous sollicite et prétend avoir besoin de vous pour mener un travail à bien. Sur un autre plan, son peu d'aisance et ses intonations de voix vous laissent dubitatif.

Vous la soupçonnez en fait d'avoir des intentions peu avouables. C'est le cas typique d'une manipulation.

Options efficaces

– Privilégier le niveau affectif.
– Définir des règles du jeu avec l'interlocuteur.
– Vérifier que vous donnez le même sens aux mots.

Décalage entre le canal social et le canal affectif

Une personne que vous connaissez depuis peu vous accoste. Elle fait preuve d'une grande familiarité et utilise immédiatement le tutoiement. Votre surprise est à son comble si vous constatez en plus qu'elle occupe un rang hiérarchique différent du vôtre. Ce décalage trouve sa source dans la conception que chacun se fait des relations efficaces et dans le système de croyance qui est le vôtre. Nous ne mentionnerons pas d'options efficaces dans la mesure où ce type de décalage témoigne avant tout d'un manque de savoir-être.

L'étude des décalages entre les quatre canaux de communication, nous conduit à dégager les points clés suivants :

– En tant que récepteur, aiguiser son sens de l'ubiquité.
– En tant qu'émetteur, se centrer sur ce que je dis et la façon de le dire et non sur les intentions.
– Tenir compte de ses intuitions et des signes non verbaux lors de nos transactions.
– Se montrer stratège et chercher à deviner où l'autre veut en venir.

Nous avons posé plus haut la question de savoir s'il était acceptable d'effectuer un parallèle entre phénomènes de communications individuelles et phénomènes de communications scientifiques.

Après avoir présenté les différents canaux de la communication, nous jugeons cette comparaison réductionniste. Si ce modèle a l'avantage d'exister, il ne prend malheureusement pas en compte le caractère complexe et contingent de nos transactions.

Communications et rumeurs

Dans les chaînes de communication, le manager joue – selon les situations – un rôle d'émetteur (information descendante), un rôle de récepteur (information ascendante) et plus généralement un rôle de transmetteur en tant que relais institutionnel de l'information.

Un phénomène facile à constater en entreprise est celui des rumeurs. Qui n'a entendu parler en effet :

– du déménagement éventuel du siège social de l'entreprise,
– du rachat par un autre groupe,
– d'un projet de restructuration actuellement à l'étude,
– de la mise en place d'une nouvelle politique commerciale.

Ce serait une grave erreur de considérer les rumeurs comme une forme de communication pathologique. Bien au contraire ! Il y a dans toute rumeur un mélange de réel et d'imaginaire.

Les rumeurs nous intéressent dans la mesure où elles « analysent » les dysfonctionnements en matière d'information descendante et ascendante.

Elles présentent un triple aspect :

– Elles créent ou suppléent une information défaillante.

– Elles expriment un besoin émotionnel (inversement proportionnel à la quantité d'informations détenues).

– Elles prennent le plus souvent un aspect négatif ou pessimiste appelé par les spécialistes le « biais de la négativité ».

Les rumeurs offrent l'avantage de rendre acteurs les collaborateurs : ceux-ci se transforment de simple récepteur en émetteur doué d'autonomie.

Ils participent ainsi à la création de bruits, les modifient, les façonnent selon leurs craintes et leurs espoirs.

Ce qui ne fonctionne pas en temps normal dans l'organisation se met ainsi à fonctionner même si le produit du processus de communication ne représente pas une information fiable.

Il est possible de recenser les principales sources de rumeurs (figure 6.4) et de préciser leurs significations correspondantes.

SOURCES	SIGNIFICATIONS
Informations descendantes absentes ou insuffisantes	- Carence de la politique d'information au plan de l'entreprise. - Le management censure certaines informations. - Le management surinterprète les consignes données (politique du secret).
Informations descendantes faiblement pertinentes (les choses essentielles ne sont pas connues).	- L'information n'est pas préparée - Les modalités d'information ne sont pas adaptées.
Informations tardives (les collaborateurs apprennent après coup, par l'extérieur ou par des circuits parallèles, la nouvelle importante).	- Le management n'exerce pas pleinement son pouvoir d'information.
Informations décrites mais non valorisées.	- Le management se considère comme un simple agent de transmission.
Sur-information écrite et sous-information orale.	- Il existe des tendances bureaucratiques. - Le management ne prend pas le temps d'être en contact direct avec les collaborateurs.

Fig. 6.4 : **Sources des rumeurs et significations**

L'une des formes de pouvoir du manager consiste donc à maîtriser la stratégie de communication et, partant, à réduire et démystifier les rumeurs.

Le développement des rumeurs, s'il pose le problème de la quantité d'informations véhiculées et connues de tous, pose avant tout une série de problèmes d'ordre qualitatif parmi lesquels :

– le choix de la forme de communication écrite ou orale,
– le choix du mode d'expression : en groupe ou inter-individuel,
– la ritualisation dans le processus de communication,
– enfin, la forme du langage adopté.

Le choix de la forme de communication

L'entreprise connaît actuellement une inflation dans les véhicules d'information descendant et ascendant. Nous pouvons citer entre autres [1] :

– Les documents remis lors de l'embauche.
– Les journaux d'entreprise (trimestriels ou bimestriels).
– Les bulletins mensuels à caractère technique ou social.
– Les notes de service.
– Les courriers internes.
– Le système d'info flash, généralement réservé aux informations à caractère exceptionnel.
– Le journal parlé hebdomadaire (s'il en existe un).
– Le système vidéo interne.
– Les réunions d'information par service ou par atelier.
– Les réunions d'expression des salariés ou les cercles de qualité.
– La formation diffusée par le CHSCT, le CE, les délégués du personnel et les délégués syndicaux.
– La conférence annuelle du directeur général.

Face à cette pléthore de possibilités, le manager se trouve confronté au problème du choix de la forme de communication, d'où l'importance de disposer de critères de sélection précisés dans la figure 6.5.

Arguments en faveur d'une communication écrite	- Officialise une situation de promotion d'une personne. - A valeur d'engagement pour soi et l'autre. - Permet de préparer et de gérer des changements. - Convient aux informations à caractère politique ou stratégique. - Est approprié pour toute nouvelle situation. - Permet de rassurer.
Arguments en faveur d'une communication orale.	- Le contact direct permet de développer un message vivant et illustré. - Est adapté s'il existe des contraintes de temps. - Convient aux informations secondaires ou faisant l'objet de corrections fréquentes. Exemple : modifications en cours d'année des objectifs.

Fig. 6.5 : **Arguments comparatifs pour une communication écrite ou orale**

(1) Cette liste ne se veut pas exhaustive mais seulement indicative.

Il existe actuellement un courant dans les entreprises qui se manifeste par la volonté de combattre toutes les formes de bureaucratie et d'inertie, dont les documents écrits sont la plus vivante expression.

Il nous semble que cette tendance va trop loin et qu'on ne soulignera jamais assez le caractère contractuel que présentent beaucoup d'écrits (ce qui ne veut pas dire non plus que nous ayons un quelconque a priori pour cette forme de communication).

Bien sûr, dans la pratique, le dilemme ne se présente pas en des termes aussi opposés pour le manager : celui-ci est amené à commenter des informations écrites ou à entériner par écrit certaines informations données au cours d'un entretien.

Plus qu'une loi générale, c'est le dosage entre ces deux formes de communication qui fait l'efficacité du management.

Le choix du mode d'expression : en groupe ou par entretien

Le manager est placé devant un autre dilemme : doit-il opter pour une communication en groupe ou une communication individuelle ?

Ce problème prend toute son importance en sachant que certains collaborateurs sont sensibles au fait d'appartenir à un groupe de travail et d'autres au fait de recevoir une information personnalisée.

Notre souci n'est pas d'élaborer un mémento des situations relevant de l'un ou l'autre des modes d'expression mais de mettre à jour des critères rendant compte des particularités de chacune d'entre elles (figure 6.6).

Critères militant pour une communication en groupe.	- Le manager gère mieux son temps. - Il donne une information identique à tous. - Il renforce la cohésion du groupe. - Il sensibilise le groupe à une réalité commune. - Il « officialise » son propos.
Critères militant pour des communications inter-individuelles.	- Il donne une information concernant son seul interlocuteur. - Il aborde un sujet confidentiel. - Il formule une critique justifiée. - Il fait le point sur l'état d'avancement d'un travail.

Fig. 6.6 : **Arguments comparatifs pour une communication inter individuelle ou en groupe.**

L'un et l'autre de ces modes d'expression provoquent des craintes chez le manager. Parler devant un groupe suscite la peur de réactions imprévues. L'entretien en face-à-face place le manager dans une relation où il est autant lui-même que membre de la hiérarchie.

Que ce soit dans le cadre d'une communication en groupe ou individuelle, il importe que le manager se positionne de façon claire par rapport à ses interlocuteurs et que ceux-ci interprètent avec justesse son attitude (cf. figure 6.7).

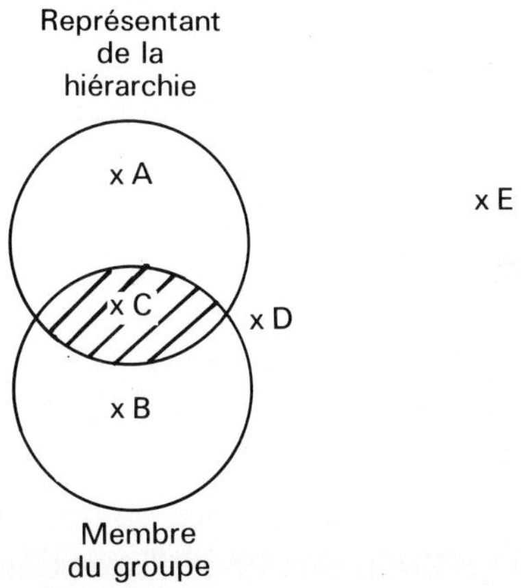

Fig. 6.7 : **Différentes positions du manager**

Notre point de vue est que le manager change fréquemment de position, tantôt représentant d'une autorité (point A), tantôt prodiguant des encouragements (point B), quelquefois l'une et l'autre à la fois (point C).

Le point D est la position d'un manager tangentiel, qui a suffisamment de recul pour comprendre ce qui se passe au sein de sa propre hiérarchie et avec ses collaborateurs sans donner le sentiment d'être extérieur à la situation.

Trois cas de figure sont néanmoins à éviter et qui expliquent certaines mauvaises communications :

– Le cas où le manager exerce exclusivement un rôle de représentant de la hiérarchie. Il ne tient pas compte des remontées d'information et va même jusqu'à les étouffer (autocratie).

– Le cas où le manager n'a pas réussi à se démarquer du groupe et continue à faire partie de l'équipe. Sa trop faible distance sociale ne le met pas en situation de pouvoir répondre aux questions posées.

– Le cas où le manager se trouve à l'extérieur (point E), échappant à toutes formes de pression et ne représentant pas plus sa hiérarchie que ses collaborateurs. Cette dernière attitude nous semble de loin celle pouvant avoir les effets les plus néfastes.

La ritualisation dans le processus de communication

Ce qui est vécu comme difficile par beaucoup de managers est de recevoir une information sous une certaine forme et de la transmettre sous une autre forme, adaptée à son destinataire, évitant ainsi la simple et inefficace répétition :

« On m'a dit de vous dire... »
« C'est en tout cas ce qu'on m'a dit ! »

Au-delà de cet aspect, nous voulons plus particulièrement insister sur l'aspect de *ritualisation* de l'information : on ne porte pas seulement à la connaissance de l'autre des informations. On l'amène progressivement à découvrir l'intérêt de celles-ci, à participer, à être demandeur de nouvelles informations. Les positions étant inversées, cela rend plus facile la tâche du communicateur.

L'information se « vend » et se « dévoile » autant qu'elle se distribue. Faire l'un sans l'autre constitue une grave méconnaissance.

Ritualiser l'information implique un travail préparatoire sur les aspects suivants :

– Trouver pour débuter un prétexte (histoire vécue, trait d'humour, anecdote) qui permet d'introduire le sujet et susciter l'intérêt. Ne pas commencer directement par l'idée essentielle.

– Dégager les idées maîtresses qui intéressent au premier chef sa cible.

– Se construire alors un scénario grâce auquel les idées s'enchaîneront au « fil de l'eau ».

– « Calibrer » ses interlocuteurs : s'interroger sur ce qu'ils sont, leurs habitudes, leurs systèmes de valeur.

– Se conditionner psychologiquement au message (le répéter intérieurement).

– Se programmer positivement par rapport à son public.

Ce dernier point prend tout son sens quand on se trouve en face de personnes très réactives ou que l'information à donner est très difficile. Le manager doit alors rechercher un intérêt à effectuer ce travail ou trouver une qualité à son interlocuteur, afin d'être dans de bonnes conditions d'expression.

Juger négativement son interlocuteur ou vivre la situation comme trop dangereuse revient par avance à rater sa communication.

La forme du langage

On croit trop souvent que le langage s'oppose à l'action.

Le langage ne sert pas simplement à constater des phénomènes extérieurs (l'évolution d'une situation par exemple) ou à exprimer des sentiments personnels. Il sert aussi à produire des actions et à exercer un pouvoir (2).

Dans les communications, le langage a des effets directs sur l'interlocuteur, sous réserve de maîtriser les paramètres suivants :

– Alterner le langage logique et le langage imagé (3).

Le premier se fonde sur les chiffres, les faits et l'esprit de méthode. Il est synonyme de rigueur, de précision et d'analyse.

Le second se construit à partir d'images, d'anecdotes, de l'humour. Il utilise les effets de surprise et stimule l'esprit de synthèse.

S'exprimer avec un seul des langages revient à appauvrir de 50 % nos communications.

– Utiliser un langage direct et concret.

– Cadrer l'autre et tenir compte de son système sensoriel dominant : visuel, auditif ou kinesthésique.

---

(2) : Cf. Austin , qui développe la notion d'affirmations « performatives ».

(3) : Voir l'ouvrage de Dominique Chalvin, *Utiliser tout son cerveau,* Edition ESF, Paris, 1986.

Ainsi certains d'entre nous ont une représentation visuelle de leur environnement : ils « voient » des difficultés, « perçoivent » les obstacles...

D'autres fonctionnent surtout avec leur système auditif : tel problème « fait écho en eux », ils ont « entendu » dire !...

La synchronisation sur les prédicats améliore donc nos communications avec les autres (4).

Réussir ses communications représente un authentique challenge ainsi qu'une forme de pouvoir pour le manager. Elles ne se situent pas uniquement au plan du contenu car ce serait en faire une piètre caricature.

Elles se « jouent » (au sens ludique du terme) également à partir de ses intérêts, de ses sentiments, de ses propres convictions et de son intelligence des situations.

Elles se préparent et se déroulent comme une dramaturgie (ou une pièce comique) dont l'issue est quelquefois heureuse et quelquefois malheureuse.

QUESTIONS CLES A SE POSER

• Dans vos communications, vous exprimez-vous plutôt comme le « patron » ou comme membre d'une équipe ? (prenez plusieurs exemples).

Indiquez votre réponse par une croix sur la figure ci-dessous.

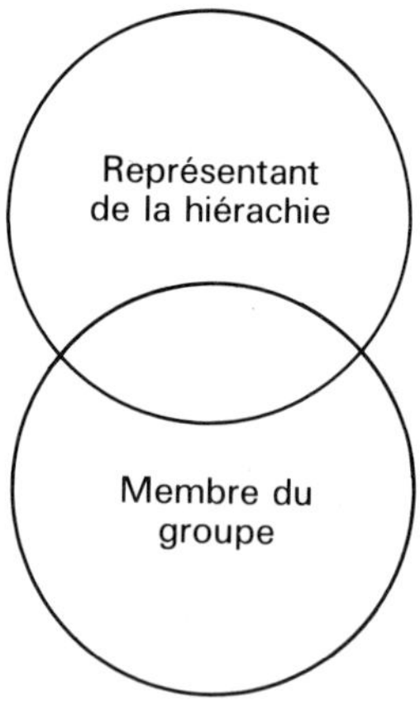

(4) : Voir l'ouvrage d'Alain Cayrol et Patrick Barrère, *La Programmation neurolinguistique,* Editions ESF, Paris, 1987.

• Comment vous préparez-vous pour faire une communication :

– dans le cadre d'une réunion ?
– dans le cadre d'un entretien ?

Echangez et comparez vos pratiques avec l'un de vos collègues :

Quels enseignements en tirez-vous ?
• Quand vous faites une intervention en public :

	OUI	NON
- Allez-vous directement au but ?		
- Avez-vous tendance à entrer dans des détails pratiques ?		
- Vous exprimez-vous toujours de la même manière ?		
- Passez-vous quelquefois d'un point à l'autre sans transition ?		

Si vous avez répondu systématiquement « NON », vous êtes un communicateur efficace.

• Quelles sont les qualités que vous reconnaissent vos interlocuteurs par rapport à votre mode d'expression ?

Si vous ne savez pas répondre, interrogez une personne de confiance :

Utilisez-vous plutôt :
– un langage rigoureux ? ☐
– un langage créatif ? ☐
– ou les deux à la fois ? ☐

• Quelles sont les situations où vous êtes amené à animer une réunion ou mener un entretien ?

Le choix de ces formes de communication est-il adapté à l'objectif recherché ?
(Vous pouvez, pour répondre, vous aider du tableau des critères présenté plus haut).

BIBLIOGRAPHIE

- J.L. AUSTIN : *Quand dire c'est faire,* Editions du Seuil, Paris, 1970 (version française)
- François GONDRAND : *l'information dans l'entreprise : pourquoi ? comment ?,* Les Editions d'Organisation, Paris, 1976.
- Jacques LAMBERT : *L'information ascendante dans les entreprises,* Entreprise Moderne d'Edition, Paris 1979.
- Michel-Louis ROUQUETTE : *Les rumeurs,* PUF, Collection SUP, Paris, 1975.
- P. WATZLAWICK/J. WEAKLAND /R. FISH : *changements, paradoxes et psychothérapie,* Editions du Seuil, Paris, 1975 (traduction française)
- Dominique CHALVIN : *Utiliser tout son cerveau,* Editions ESF, Paris, 1986.

Chapitre VII

Le pouvoir de se former

La presse à grand tirage [1] se fait l'écho de la difficulté à progresser au-delà de quarante ans. Avons-nous à faire à un mythe ou à une réalité ?

Certains auteurs [2] ont mis en évidence que trente-six ans représente un âge charnière, à partir duquel l'intéressé doit revoir sa position par rapport à son environnement professionnel.

Il est important de noter que la période de la quarantaine correspond à un désengagement de la formation professionnelle, à la fois du fait des entreprises et des intéressés eux-mêmes (sans que l'on puisse distinguer ce qui revient aux uns et aux autres).

Selon nous, il n'existe pas d'âge fatidique. Le problème de la formation doit être envisagé dans une perspective plus relativiste et nuancée. De plus, les cadres ne constituent pas un ensemble social homogène.

Pour ceux qui ont bénéficié d'une solide formation initiale le problème est de savoir comment la compléter et la faire fructifier.

---

(1) : Cf. « Faut-il mettre à la retraite les cadres de 40 ans ? », *Le Monde,* 22 octobre 1986.

(2) : Thèse soutenue par P. Rivard en 1984.

Pour ceux qui ont débuté dans la vie professionnelle après une formation courte, le problème devient : comment acquérir les bases indispensables à une progression future ?

Les uns et les autres ont en commun le fait qu'aucune position n'est définitivement acquise.

La distinction formation initiale/formation continue, même si elle demeure importante, ne présente plus un caractère irréversible comme par le passé.

Nous vivons en période de crise. En japonais le mot « crise » renvoie à deux idéogrammes primaires qui signifient « alarme » et « opportunité ».

L'accélération des mutations technologiques et sociales oblige à effectuer plus fréquemment son bilan personnel et à rester en alerte. La crise en ce sens nous apporte des indications sur le développement de notre carrière professionnelle.

Parallèlement, elle crée des opportunités pour réviser sa position par rapport au poste ou sa façon d'envisager son travail.

Elle sera ainsi source de progrès ou de déconvenues selon la manière dont chacun prend en charge ses projets de formation.

L'habitude que nous avons de parler d'objectif de formation masque en fait une grande disparité d'intentions. Les objectifs de la formation professionnelle concernent aussi bien le court terme que le moyen terme (exceptionnellement le long terme). Ils s'appliquent indifféremment au poste, au métier ou à la fonction.

Les objectifs relatifs au poste sont ceux qui visent à une plus grande adaptation.
ex : acquérir des outils en vue de mieux tenir son poste, ou revoir sa façon de travailler.

Les objectifs relatifs au métier impliquent l'idée de changement, comme c'est le cas pour une personne qui passerait d'un travail dans un bureau d'études à un travail de contrôleur en fabrication (ce qui revient à un changement de poste).

Enfin les objectifs relatifs à la fonction correspondent à un changement plus important encore. Le passage de la fonction technique à la fonction commerciale illustre ce cas de figure.

La dimension temps est généralement liée à la difficulté du changement représenté par l'objectif (figure 7.1).

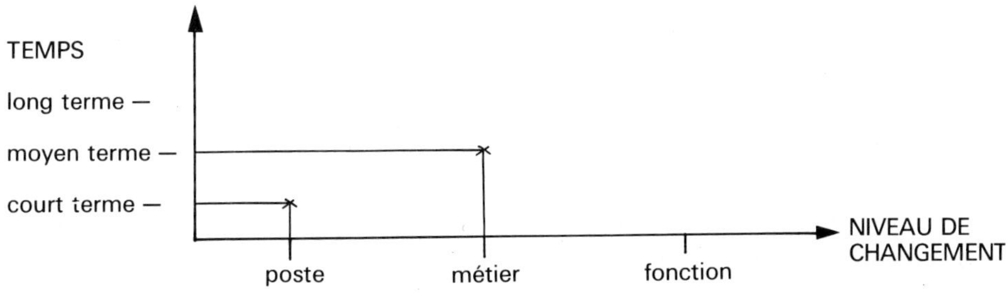

Fig. 7.1 : **Niveau de changement et temps**

Si tout objectif peut être classé en fonction des retombées dans le temps et du niveau de changement qu'il détermine, il importe pour chacun d'eux d'adopter une démarche particulière.

Dans tous les cas quelques postulats de départ sont à admettre :

– Celui qui maintient son capital de savoir-faire d'une année sur l'autre régresse en termes de compétences.

– Sur un plan professionnel, les évolutions sont généralement lentes et difficiles à percevoir. Quand elles se manifestent clairement, la situation présente alors un caractère d'urgence ou de gravité.

Aussi est-il souhaitable de se donner les moyens de les identifier.

– La formation constitue un investissement dont les résultats peuvent être visibles immédiatement mais aussi beaucoup plus tard. D'où la réserve exprimée par certaines personnes.

Le manager a intérêt à prêter attention à sa propre formation pour plusieurs raisons :

• en premier lieu, il se prémunira contre d'éventuelles menaces (restructuration de l'entreprise, changement de politique et quelquefois d'hommes...). Il se mettra ainsi en position de choisir et non d'être choisi.

• en second lieu, il pourra, en développant ses compétences, se démarquer de ses collaborateurs.

• en troisième lieu, il offrira une référence, un modèle à imiter, aux membres de son équipe.

• en quatrième lieu, il permettra à ses collaborateurs de progresser en prenant des responsabilités nouvelles.

A chaque fois que nous débutons un séminaire nous commençons par un tour de table sur les attentes et les objectifs de chacun des participants. C'est toujours avec surprise que nous constatons qu'un certain nombre de managers ne prennent pas toujours en main leur destin.

Les méconnaissances que nous vous présentons reflètent les attitudes les plus fréquemment rencontrées.

DESCRIPTION DES PRINCIPALES FORMES DE MECONNAISSANCE

Nous évoquons cinq exemples tirés des séminaires sur le management que nous animons.

1 – *Pratiquer la politique du « laisser aller »*

C'est le cas de ceux qui ont été « désignés » pour « subir » la formation.

En début de séminaire ils interpellent l'animateur pour savoir s'il connaît les motifs de leur présence dans ce stage, alors qu'ils avaient effectué une demande pour participer à un stage technique !

Il n'est pas rare alors de voir l'un d'eux faire preuve du minimum de participation, sans oublier de rappeler régulièrement qu'il n'est pour rien dans son inscription à ce séminaire.

Ce qui lui arrive vient d'ailleurs renforcer l'idée qu'il se fait de l'efficacité des services fonctionnels !

A aucun moment l'intéressé ne s'interroge sur la démarche préliminaire qu'il aurait pu mener.

Les comportements de « laisser-aller » peuvent, dans certains cas, être assimilés à des formes de « suicide professionnel ».

2 – *La formation est un théâtre : se positionner comme consommateur*

La formation est ici vécue comme un lieu de détente, de rencontre et comme une coupure avec le travail quotidien.

Le point commun avec le cas de figure précédent est que la personne n'a pas d'objectif personnel.

La différence réside dans le fait qu'elle est plutôt favorable à l'idée de participer à un séminaire.

L'intéressé attend le plus souvent une prestation de l'animateur et veut être séduit.

3 – *Etre volontaire pour le stage sans vouloir s'impliquer*

La personne évoque des situations générales dont elle est souvent absente.

Quand on lui pose des questions plus précises elle apporte des réponses vagues en prétextant que « son cas n'est pas intéressant » et qu'il risque d'ennuyer les autres participants.

Elle parle des difficultés des autres, plus particulièrement de son supérieur direct qui aurait bien besoin de suivre ce séminaire, et de ses collaborateurs qui ont atteint leur niveau d'incompétence.

A l'entendre, elle travaille avec les personnes les plus difficiles de l'entreprise et rien ne lui a été épargné !

4 – *Rechercher des trucs, recettes, ficelles et autres miracles*

Le participant estime qu'il lui suffit d'appliquer ce que préconise l'animateur sans prendre de précautions particulières ou de recul.

Le danger réside dans le fait qu'il ne prend pas en compte ses interlocuteurs, les priorités de son entreprise ou son propre style de management.

De toutes ces hypothèses, la plus dangereuse est celle où l'intéressé met en application des choses que la culture de l'entreprise juge inacceptables.

5 – *Raisonner de façon binaire*

La personne effectue des distinctions du type : théorie/pratique, vie professionnelle/vie personnelle, stage technique/stage de relations humaines.

Cette approche de la formation nous semble préjudiciable car elle va à l'encontre d'une vision intégrée de l'entreprise et de la personne.

CONSEILS ET OUTILS POUR DEVELOPPER SON EFFICACITE PERSONNELLE

Nous suivrons une démarche en quatre points.

– Organiser son propre bilan.
– Savoir tenir compte des avis extérieurs.
– Transformer les attentes en projet.
– Gérer son processus de formation.

Nous conclurons cette partie en insistant sur quelques exemples d'attitudes gagnantes en matière de formation.

Organiser son propre bilan

Nous avons vu dans la section concernant le pouvoir de juger, au chapitre 4, que l'entretien d'appréciation permet de réaliser un bilan de ses propres contributions et de repérer ses points forts pour l'année écoulée.

Il s'agit à présent d'effectuer un diagnostic de ses capacités professionnelles sur une période de temps plus longue.

Ce travail est d'autant plus important que rares sont les occasions de s'y livrer.

Nous avons recensé les principales dans le tableau 7.2.

- lors d'une candidature à un poste (à l'intérieur ou à l'extérieur de l'entreprise),
- dans le cadre d'un séminaire ou d'une formation longue durée,
- lors d'un entretien d'appréciation,
- à l'occasion d'un changement d'organisation,
- lors d'une délégation sur une période longue,
- en cas de promotion ou de mutation,
- lors d'un entretien volontaire avec une personne d'un service fonctionnel.

Fig. 7.2 : **Les principales occasions d'effectuer son bilan personnel**

Organiser son propre bilan revient à se centrer sur la situation de départ en vue de repérer les écarts par rapport à la situation souhaitée.

La formation assurera le passage d'un terme à l'autre.

Le questionnaire qui suit a pour objectif de vous permettre d'identifier les décalages entre situation de départ et situation souhaitée.

DIAGNOSTIC PERSONNEL

– Décrivez vos activités et responsabilités (à l'aide de verbes d'action et de phrases courtes).

– Parmi celles-ci quelles sont celles qui représentent au moins 10 % de votre travail (c'est-à-dire les plus significatives) ?

– Parmi ces activités significatives, y en-a-t-il que vous estimez maîtriser imparfaitement ?

– Quelles sont les situations précises qui vous font penser cela ?

– Quelles sont les connaissances indispensables pour tenir votre poste ?

– Quels sont les savoir-faire que vous avez besoin de mettre régulièrement en œuvre ? (utilisez pour cela l'expression être capable de...)

– Votre poste nécessite-t-il des qualités ou des attitudes personnelles ?

– Y a-t-il des connaissances, des savoir-faire ou des attitudes qui vous font actuellement défaut dans votre pratique professionnelle ?

Connaissances	*Savoir-faire*	*Attitudes*

A quelles situations précises s'appliquent-ils ?

– Quels changements sont intervenus dans *votre poste et/ou dans votre entreprise ?*

De quelle nature sont-ils ?

Technique	
Organisation	
Humain	
Autres	

– Quels changements sont intervenus *dans votre métier* depuis deux ans ?

De quelle nature sont-ils ?

Technique	
Organisationnel	
Humain	
Autres	

– Y a-t-il des tendances qui se manifestent dans votre milieu professionnel (exemple : concurrence accrue, organisation différente...) ?

Par rapport à ces tendances (si elles existent) quels sont vos points forts et vos points faibles ?

– Vous a-t-on déjà fait des remarques sur vos points forts ou vos points faibles (un ami, un collègue, un supérieur hiérarchique, un collaborateur) ?

Savoir tenir compte des avis extérieurs

Le diagnostic sous forme écrite est une option parmi d'autres. Ces avantages sont :

- la possibilité de prendre du recul,
- le repérage plus facile de phénomènes auxquels on est habitué,
- le fait de se donner le temps de réfléchir,
- la rigueur généralement nécessaire à ce type d'exercice : recherche de faits significatifs,
- l'obligation implicite de rester propriétaire de ses difficultés.

Formaliser présente néanmoins l'inconvénient d'être privé du feedback de l'autre (information en retour).

Aussi, nous vous conseillons de provoquer des entretiens avec des personnes compétentes, spécialistes et en position de conseil par rapport à vous (chef du personnel, responsable formation).

Vous êtes sûrement en train de vous dire, en songeant à votre entourage, que ce type de démarche est rarement utilisé, c'est vrai. Mais la question est-elle de faire comme les autres ou de s'efforcer d'être réaliste et stratège sur son devenir professionnel ?

Une autre source d'informations vient des remarques directes formulées par les interlocuteurs les plus divers au cours d'un repas, d'une pause, d'un travail en groupe. Compliment ou critique justifiée, ces remarques ont bien plus de valeur que celle que vous leur accordez en temps normal.

Ceux qui les expriment le font spontanément et ne se risquent à le faire que dans la mesure où ils viennent de découvrir des aspects inattendus de vous-même.

Ainsi, plusieurs petites remarques en arrivent-elles à faire germer un projet professionnel ou personnel dans l'esprit d'une personne.

Transformer les attentes en projets

Nous avons souligné plus haut que nombreux sont ceux qui suivent des séminaires sans objectif particulier. Nous allons insister sur cet aspect en distinguant les notions d'attente, de besoin, de demande, d'objectif et de projet.

Nous avons regroupé dans le tableau synoptique 7.3 les caractéristiques et les conséquences propres à chacune de ces notions.

NIVEAUX	CARACTERISTIQUES	CONSEQUENCES
ATTENTE	• attitude passive • absence de points de repère	• ce sont les autres qui structurent nos attentes • la personne est dans le flou
BESOIN	• traduit un état de manque • correspond davantage aux sujets urgents qu'aux sujets importants • faible degré de précision	• risque d'amalgame : un besoin peut cacher plusieurs objectifs
DEMANDE	• s'exprime au travers de questions • traduit une action intentionnelle	• on obtient des réponses aux seules questions posées
OBJECTIF	• se situe sur le court terme • traduit une direction • donne des points de repère en cours de réalisation • une chose à la fois	• permet d'évaluer les résultats en cours et en fin de réalisation
PROJET	• ensemble d'objectifs structurés • se situe sur le moyen terme • proche de la notion de démarche	• la formation ne constitue qu'une étape et un moyen dans un processus plus large

Fig. 7.3 : **Niveaux de préoccupations en formation et conséquences pratiques**

Nous ne reviendrons pas sur les caractéristiques techniques et grammaticales des objectifs (3).

(3) Ceci a été développé au chapitre 4, dans *« le Pouvoir de décider »*.

Ce qui nous semble le plus important est que les objectifs et projets du manager soient légitimes pour lui et son entreprise (figure 7.4)

Le contre-exemple est celui d'une personne qui bénéficie d'un congé individuel de formation (CIF) au terme duquel il change d'entreprise.

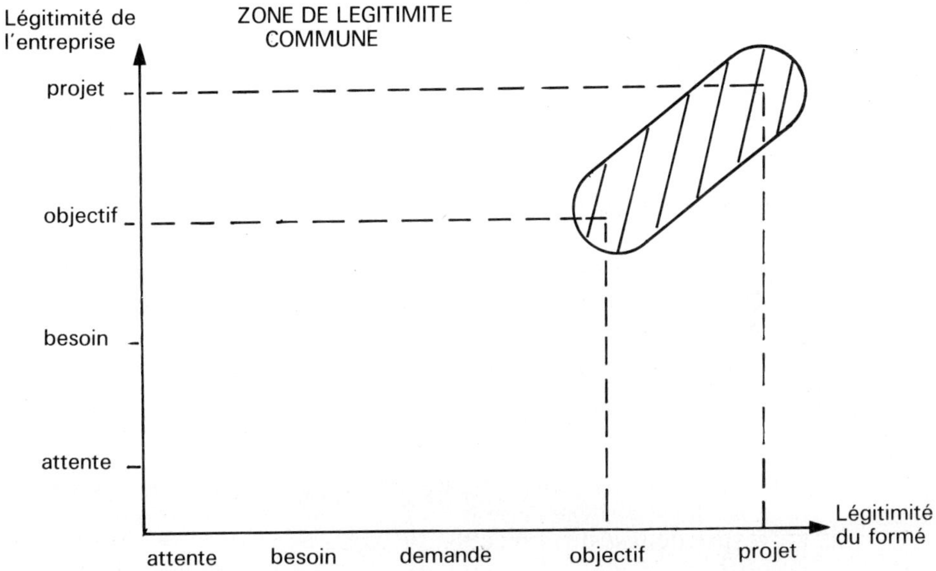

Fig. 7.4 : **La double légitimité d'un projet de formation**

Gérer son processus de formation

Il est possible de se donner des repères pour gérer son processus de formation.

Nous privilégierons quatre points clés.

a – Recenser les objectifs

En se posant systématiquement la question : « de quoi est-ce que je veux être capable à l'issue de la formation ? »

La finalité de ce travail est double :

- éviter les amalgames,
- se donner des critères de réussite.

b - Hiérarchiser les objectifs entre eux

Les différents objectifs sont passés au crible afin de déterminer les priorités.

Il importe de distinguer les objectifs urgents (dimension temps) des objectifs importants (dimension stratégique) ainsi que les objectifs utiles des objectifs souhaités.

Cette seconde étape pourra être permutée avec l'étape suivante selon les situations.

c - Classer les objectifs selon leur nature

Ce travail permettra, d'une part de repérer les objectifs les plus difficiles, d'autre part de mettre en œuvre des moyens adaptés pour chacun d'eux.

Il est courant de différencier les objectifs en termes de savoir, de savoir-faire et de savoir-être.

Les objectifs en termes de savoir (figure 7.5)

Ils correspondent à des objectifs du type :

- acquérir les connaissances de base en électricité,
- s'informer sur la législation du travail,
- actualiser ses connaissances en droit du travail.

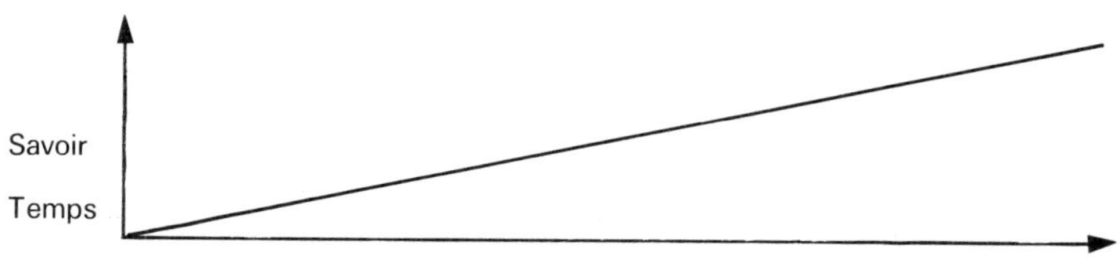

Fig. 7.5 : **Courbe de progression d'un objectif en termes de savoir**

Les objectifs en termes de savoir se caractérisent par :

- une progression régulière,
- un faible niveau d'implication personnelle,
- un mode de travail de type scolaire.

Les objectifs en termes de savoir-faire (figure 7.6)

Ils représentent un niveau de difficulté supplémentaire.

Il s'agit avant tout d'être capable de mettre en œuvre certaines techniques, d'appliquer des procédures ou de pouvoir résoudre des problèmes.

Nous distinguons ces objectifs selon qu'ils conduisent à :

– reproduire certaines techniques,
– transposer certaines techniques dans une autre situation,
– généraliser l'utilisation de certaines techniques,
– créer ou innover.

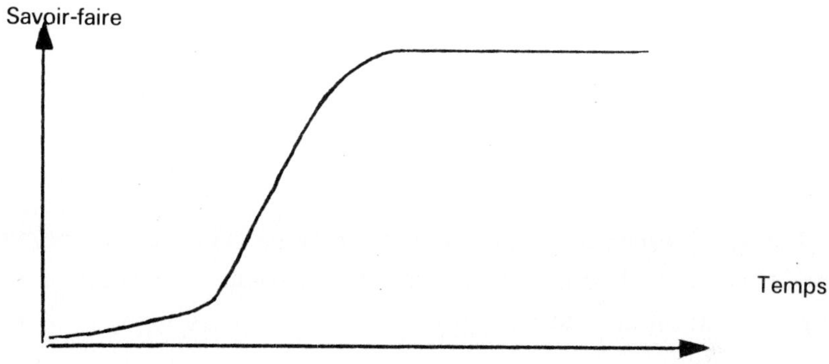

Fig. 7.6 : **Courbe de progression d'un objectif en termes de savoir-faire**

Les objectifs en termes de savoir-faire impliquent une progression rapide puis une stabilisation.

Les objectifs en termes de savoir-être (figure 7.7)

Ce sont ceux qui nécessitent impérativement une réflexion personnelle et préalable.

Les objectifs en termes de savoir-être ne se décrètent pas. Ils se mûrissent.

Même en se donnant des critères de contrôle on n'est jamais certain du moment où apparaîtront les premiers résultats.

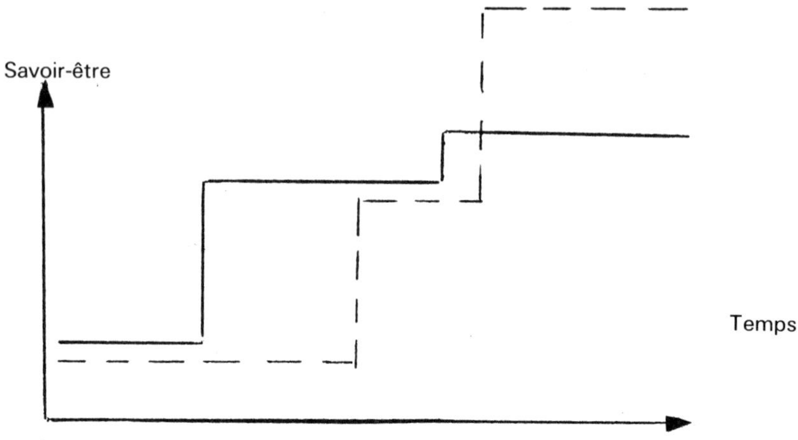

Fig. 7.7 : **Courbe de progression d'un objectif en termes de savoir-être**

d - Se doter d'une stratégie d'évaluation

Il arrive à certains managers d'effectuer ce type de commentaires rétrospectifs : « Sur le coup, on est content des stages, mais après on est déçu par ce qu'on applique. »

Ce propos empreint de pragmatisme résume à lui seul la difficulté d'évaluer les retombées d'une action de formation.

Comment peut donc bien s'y prendre le manager pour éviter de vérifier le mythe de Sisyphe (le formé revenant inexorablement à son point de départ) ?

Ce problème est d'autant plus sérieux que ce constat s'accompagne de sentiments de dévalorisation et d'une forme de démotivation pour l'avenir.

Les conseils qui suivent ne représentent pas une panacée car l'évaluation d'un stage est, et demeurera, un acte subjectif.

Constatons d'abord que chacun trouve facilement les critères de réussite des actions pour lesquelles il est enthousiaste et reste aveugle pour celles qui suscitent moins d'intérêt à ses yeux.

Certains prétendent que faute de disposer d'un critère chiffré, cela revient à admettre l'absence d'objectif. En d'autres termes, cela signifie qu'il ne peut y avoir d'objectifs autres que ceux qui sont mesurables, ce qui exclut tous les objectifs qualificatifs.

Cette question se pose principalement pour les objectifs en termes de savoir-être.

Selon nous la réalisation d'un objectif s'évalue de multiples façons :

- par la réduction d'un écart entre deux résultats,
- par rapport à une norme (si elle existe et est connue), une statistique ou un indicateur,
- grâce à la réaction de membres de l'unité de travail,
- par l'apparition chez soi d'un comportement absent jusque-là,
- par la rédaction d'un document,
- par la réalisation d'une action (le fait de mener un entretien ou d'animer une réunion).

Il s'agit donc avant tout de faire assaut d'imagination.

Outre l'aspect de la recherche d'un critère d'observation, se pose le problème du moment de l'évaluation. L'évaluation doit être « formative » c'est-à-dire s'intégrer au processus même de formation.

Elle représente ainsi un apprentissage dans l'apprentissage. Elle peut donc s'effectuer en cours de formation, à l'issue de la formation et de façon différée.

L'avantage de ce contrôle continu est que le manager a la possibilité d'opérer des corrections, en particulier sur deux aspects :

– quel est le « niveau » de l'objectif par rapport aux premiers résultats obtenus ?

En d'autres termes, l'objectif est-il trop facile, trop difficile, pas assez motivant...?

– quelle est la pertinence de l'objectif par rapport aux projets ou aux ambitions de la personne ?

Il n'y a pas de honte à abandonner un objectif. Par contre ce serait une erreur de persévérer dans une voie que l'on sait fausse.

La figure 7.8 vous propose, en conclusion, quelques attitudes gagnantes en matière de formation.

- raisonner en termes d'évolution et non de révolution.
- faire des choses pratiques, utiles, efficaces.
- chercher à faire le point au fur et à mesure avec une personne de confiance et compétente.
- faire comme si j'allais travailler ailleurs demain...
- rester propriétaire de ses difficultés et se poser des questions par rapport à soi.
- considérer toute difficulté comme une opportunité de progrès.
- procéder par étapes.
- partir de ses points forts et qualités personnelles ; chercher à les développer.
- s'interroger sur le « quoi faire ? » et le « comment faire ? »
- se demander si l'objectif est légitime pour soi avant de vouloir le réaliser.
- envisager ce que je fais si j'atteins mon objectif et si je ne l'atteins pas.
- prendre du recul systématiquement avant d'agir.
- savoir se transformer en agent de la formation au profit des autres.
- s'attacher au processus (c'est-à-dire à la manière de réaliser mon objectif).
- ne se mettre en cause qu'en l'absence de résultats.

Fig. 7.8 : **Quelques attitudes gagnantes en formation**

QUESTIONS CLES A SE POSER

• Quand avez-vous effectué votre bilan professionnel et/ou personnel pour la dernière fois ?

Quel(s) enseignement(s) tirez-vous de votre reponse ?

QUESTIONS CLES A SE POSER

• Quand avez-vous effectué votre bilan professionnel et/ou personnel pour la dernière fois ?

Quel(s) enseignement(s) en avez-vous tiré ?

• Quelles sont les qualités personnelles et/ou les compétences professionnelles qui vous sont reconnues par les personnes travaillant avec vous ?

• La dernière fois que vous avez participé à une formation aviez-vous :

– des attentes ☐
– des besoins ☐
– des demandes ☐
– des objectifs ☐
– un projet ☐

Quels ont été vos bénéfices ?

• Quels sont vos freins personnels à l'idée de participer à un stage ?

Quels sont les motifs qui vous poussent à aller en formation ?

• Vis-à-vis de la formation vous considérez-vous comme:
un farouche partisan ☐
quelqu'un de plutôt favorable
quelqu'un qui raisonne en fonction de la situation ☐
quelqu'un de sceptique ☐

En quoi la lecture de ce chapitre a-t-elle modifié votre perception ?

BIBLIOGRAPHIE

– Silvio MONTARETTO MARULLO : *Manuel pour la Direction du personnel,* Editions Hommes et Techniques, Paris, 1972.
– François VIALLET et Paul MAISONNEUVE : *80 fiches d'évaluation,* Les Editions d'organisation, Paris, 1981.
– Jacques ARDOINO : *Education et relations,* Gauthier-Villars, UNESCO, Paris, 1980.
– Evaluation et pédagogie, *Education Permanente,* n°9, janvier-mars 1971.

QUATRIEME PARTIE

VERS UNE VISION PLUS JUSTE DE VOS POUVOIRS

Les deuxième et troisième parties de cet ouvrage ont été entièrement consacrées à l'étude d'un certain nombre de comportements réalistes et irréalistes au travers de situations et relations quotidiennes vécues par les managers.

Nous avons pu constater qu'en fonction de la position qu'elle adopte, la personne structure ses perceptions de façon positive ou négative et donc exerce pleinement ses possibilités d'action ou les restreint.

Dans bien des cas cela revient à poser le problème de la représentation des rôles.

Aussi allons-nous consacrer cette dernière partie aux différentes représentations du pouvoir qui expliquent la façon dont chacun les exerce.

Nous conclurons cet ouvrage par une nouvelle définition du manager qui complète et prolonge celle donnée au début.

1) UN CONSTAT : LES ECARTS SONT PRESENTS PARTOUT

Bien des dirigeants s'étonnent des écarts quelquefois significatifs entre leur décision politique et stratégique et les réalisations concrètes auxquelles elle aboutit.

Ces phénomènes se manifestent et/ou se généralisent à tous les niveaux de l'échelle hiérarchique, provoquant leur cortège de désapprobations et de sentiments d'impuissance.

Le plus surprenant est que ces écarts peuvent jouer aussi bien dans un sens positif que dans un sens négatif, comme vont le mettre en évidence les deux exemples qui suivent.

Exemple d'écarts négatifs

Une entreprise d'électronique fonctionne grâce à la méthode de direction par objectif (D.P.O.). Les objectifs sont fixés à la fin de chaque année pour l'année suivante et se subdivisent en autant de sous-objectifs.

A y regarder de plus près l'entreprise fonctionne en deux temps.

• De janvier à juin, les cadres et agents de maîtrise consacrent une énergie considérable à s'efforcer d'atteindre des objectifs qui s'avèrent au fil des mois de plus en plus irréalistes.

A mi-parcours, les intéressés enregistrent des retards importants par rapport à leurs prévisions.

– Aussi, de juillet à décembre, une partie de leur activité est consacrée à l'explication et à la justification de ces contre-performances.

Cette entreprise vit donc une partie de l'année dans un enthousiasme excessif pour passer ensuite à une période d'inquiétude et de morosité.

Exemple d'écarts positifs

Cette entreprise fabrique des biens industriels. Elle a lancé récemment un programme d'amélioration de la qualité et mis en place les deux premiers cercles de qualité.

Des critères de performance ont été fixés afin de suivre l'évolution des retombées.

Contre toute attente, les premiers résultats se font sentir très rapidement :

– diminution des rebuts,
– gestion des stocks plus juste,
– réduction de l'absentéisme,
– amélioration de la qualité des produits.

Enfin, une « publicité spontanée » se répand dans l'entreprise qui fait dire à certains : « Pourquoi n'avons-nous pas nous aussi nos cercles de qualités ? »

La loi ou le lien ?

Ces deux exemples mettent bien en exergue des écarts inattendus.

Nous ne voulons pas porter de jugement moral sur ce type de phénomènes, l'important est de constater qu'ils existent. Certains managers et collaborateurs agissent en tenant compte implicitement de ce type de décalage (peut-être sans en avoir pleinement conscience).

Ainsi, chez un fabricant de matériel informatique, il existe une procédure de gestion sophistiquée qualifiée par les utilisateurs « d'usine à gaz » !

Bien qu'efficace cette procédure est jugée coûteuse en temps et en énergie par les intéressés. Certains d'entre eux ont résolu la difficulté en élaborant un programme simplifié qui leur permet d'aboutir au même résultat en infiniment moins de temps. Bien sûr ils se gardent d'émettre la moindre critique à l'égard de la règle.

L'organisation est respectée et préservée dans ses modes de fonctionnement. Les intéressés parviennent de leur côté à un résultat plus économique.

Cette entreprise, comme beaucoup d'autres, a besoin d'iconoclastes qui contournent habilement et esquivent un certain nombre de principes élaborés patiemment par l'organisation.

Les membres d'une entreprise se situent en permanence par rapport à deux pôles qui sont le respect de la loi et la recherche de liens. Chacun des deux pôles est exclusif de l'autre.

Le fait de se positionner plus près d'un pôle présente aussi bien des avantages que des inconvénients, des risques et des bénéfices (figure 8.1).

LIEN ←——————————————→ LOI

(procédures, règlements)

Avantages

- permet d'établir des coalitions et groupes d'intérêts.
- produit des solutions originales, voire créatrices.
- apporte une réponse à des situations non prévues par la loi.

Inconvénients

- l'intéressé accepte le stress lié à la transgression de la loi.
- doit accepter une forte incertitude.

Avantages

- permet de s'abriter derrière un règlement (technique du parapluie).
- donne une cohérence dans les relations entre services et entre personnes.
- débouche sur des résultats prévisibles.
- faible niveau de risque.
- faible implication.

Inconvénients

- peut être source de rigidité.
- réduit l'initiative au champ délimité par la loi.

Fig. 8.1 : **Avantages et inconvénients d'un positionnement par rapport à la loi ou aux liens.**

Dans toute situation, l'individu se positionne entre ces deux pôles en fonction de ses intérêts personnels et du niveau de risque qu'il juge acceptable pour lui.

Exemple

Un nouveau chef d'équipe constate rapidement une mauvaise implantation des machines dans le secteur de l'atelier dont il a la charge. La plus grande facilité de production et de manutention représente des arguments solides. Pourtant il ne dira rien, car son contremaître accepte difficilement les idées nouvelles venant des autres.

Le dilemme pour ce chef d'équipe réside entre prendre le risque de se faire mal voir en étant objectivement constructif ou bien faire preuve de son intégration sans apporter de contribution à son entreprise. Il optera finalement pour la seconde option et respectera la loi.

Collaborateurs comme managers rencontrent en permanence ce genre de situations où ils sont confrontés à des choix difficiles. Ils ont le pouvoir de choisir car ils sont tous *acteurs.*

2) NOUS SOMMES TOUS ACTEURS

La notion de projet d'entreprise a véhiculé l'idée selon laquelle l'ensemble des salariés d'une entreprise partageaient des valeurs communes et étaient tous « citoyens » au service d'une démarche commune.

Bien sûr, il est important pour une organisation de réussir à fédérer ses membres autour de valeurs partagées, mais il nous semble dangereux de s'illusionner sur la réalité d'un tel consensus social.

L'entreprise est constituée d'une pluralité d'acteurs, occupant une pluralité de positions dans des fonctions différentes, chacun d'entre eux étant soucieux de maximiser ses intérêts propres.

Chacune des fonctions (commerciale, technique, études, production) doit remplir un certain nombre de missions et d'objectifs. Les stratégies des différents membres ne sont donc pas forcément convergentes même si l'organisation tend à sauvegarder les apparences en développant une idéologie commune et volontariste (les valeurs les plus fréquemment mises en avant sont le professionnalisme, la qualité, le respect du client, la notion de service).

Mais prenons un exemple qui éclairera notre propos. Nous soulignerons pour chaque personne [1] les différentes formes d'intérêt positives et négatives (les enjeux).

Contexte

L'informatique vient d'être introduite dans un atelier de tissage.

Le travail est organisé en 3 × 8. L'informatique a pour objectif de

(1) Une analyse plus fine voudrait que nous distinguions les enjeux et références de l'acteur.

permettre la transmission d'informations pertinentes lors du changement d'équipe (les principaux indicateurs sont les quantités produites, les incidents survenus sur les métiers à tisser, les défauts...).

Il suffit donc au responsable de consulter l'écran lors de sa prise de fonction. Pourtant les choses ne se passent pas très bien. Certains estiment que « l'information circule mal », d'autres que « l'informatique vient tout compliquer ».

Au-delà de ces protestations, identifions les enjeux des principaux acteurs, à savoir les opérateurs, les contremaîtres et le service entretien (figure 8.2).

	ENJEUX	
	INTERETS POSITIFS	INTERETS NEGATIFS
CONTREMAITRES	• disposent d'informations fiables. • peuvent opérer des corrections immédiates. • planifient plus facilement la production. • peuvent prendre des sanctions fondées sur des faits.	• font un travail réservé avant au service entretien. • obligation d'assumer leurs responsabilités de managers.
OPERATEURS	• peuvent suggérer des améliorations en fonction des résultats obtenus.	• risque d'apparition de pertes de temps liées à certains opérateurs. • sentiment de faire l'objet d'un contrôle permanent.
SERVICE D'ENTRETIEN	• n'ont plus à déranger la production pour obtenir les relevés. • peuvent localiser plus facilement les pannes.	• perdent une partie de leur prestige.

Fig. 8.2 : **Enjeux des différents acteurs dans un processus de changement.**

Les différents intérêts en présence créent chez les acteurs concernés quelquefois des comportements de sabotage, d'autres fois des systèmes d'alliances momentanées entre individus ou groupes. Celles-ci prennent fin quand les intérêts des uns et des autres deviennent contradictoires ou par trop divergents.

3) L'INCERTITUDE REGIT NOS RAPPORTS QUOTIDIENS

Nous ne pouvons tout maîtriser et contrôler. Il y a d'ailleurs dans cette idée quelque chose qui relève de la pensée magique (2).

Cet état de fait s'explique par plusieurs raisons :

– les différences de stratégies individuelles vues précédemment,
– le développement et l'intégration de savoir-faire entre eux,
– les styles de personnalité et les croyances de chacun,
– les objectifs propres à chaque service ou fonction,
– les différences de statut, d'âge ou de sexe,
– l'« histoire » propre à chaque individu,
– le manque relatif d'informations,
– les contraintes de temps.
(cette liste est purement indicative).

• Prendre la décision de lancer un nouveau produit est une source de stress importante pour son auteur. Qui peut réellement lui garantir la réussite de son opération (les études de marché les plus fines n'apportent pas une sécurité totale) alors que son entourage immédiat fait preuve d'un mélange de scepticisme et d'ironie ?

• Réorganiser un service représente pour le manager une tâche semée d'embûches et d'imprévus :

* Quelles seront les réactions des représentants du personnel ?
* Quelles attitudes adopteront les intéressés ?
* De quel appui pourra-t-il disposer auprès de sa hiérarchie directe pour mener à bien ce changement ?

• Modifier un cahier des charges à la demande d'un client provoque chez le responsable de fabrication un certain nombre d'interrogations et d'inquiétudes :

* Nos fournisseurs habituels assureront-ils, dans les délais prévus, cette nouvelle fabrication ?
* Les normes de qualité seront-elles respectées ?

---

(2) Cf. Piaget dans son étude du développement cognitif de l'enfant.

Le responsable est amené tous les jours à composer avec des choix techniques, à revoir à la hausse ou à la baisse un objectif ou des moyens, à reconsidérer son jugement, à prendre en compte d'autres arguments... Il ne peut agir sans les autres mais la réciproque est vraie.

L'incertitude est inscrite dans toute relation, avec ses corollaires qui sont de reconnaître aux autres le droit à la différence, de respecter leur point de vue comme une donnée incontournable et de faire confiance sans angélisme.

L'incertitude crée des relations de coopération ou des relations conflictuelles selon les enjeux des situations et les intérêts des acteurs.

4) INFLUENCE : MANIPULATION ET NEGOCIATION

Toute relation entre personnes est chargée d'intérêts convergents ou divergents. En ce sens, toute relation est *relation d'influence* et donc *relation de pouvoir.*

Même ne rien faire équivaut à renvoyer à l'autre une image de ce que l'on pense et donc à l'influencer.

Qui dit influence évoque par association le concept de manipulation. Le dictionnaire [(3)] définit celle-ci comme le fait « d'utiliser quelqu'un à des fins non avouées et en le trompant ».

Notre tradition judéo-chrétienne nous pousse à conclure qu'il y a dans toute manipulation quelque chose de malsain, de malhonnête.

Au-delà de cet aspect moral, force est de constater que lorsqu'une personne cherche à faire faire à une autre quelque chose et à son insu, elle ne peut y parvenir sans le consentement de celle-ci. Est manipulé celui qui accepte de l'être.

La manipulation est inscrite dans nos relations quotidiennes.

Les seuls vrais questions que nous pouvons nous poser à son sujet sont :

- De quelle façon est-ce que je m'y prends pour manipuler l'autre ?

Manipuler l'autre en respectant sa légitimité ne revient pas à la même chose que manipuler l'autre en niant son système de valeurs.

C'est uniquement à titre individuel que nous pouvons apporter une réponse à cette question (évitons de généraliser et d'entrer dans le cercle

(3) Dictionnaire Hachette.

des méconnaissances).

- la manipulation s'avère-t-elle efficace à l'épreuve des faits ?

Le concept de négociation représente l'autre manière d'exercer une influence. Le même dictionnaire définit la négociation comme le fait de « se concerter afin de parvenir à un accord ».

Cette acception sous-entend que le problème soit mis à plat et un minimum d'informations pertinentes échangées.

Manipuler et négocier sont les deux faces d'une même pièce de monnaie, deux façons différentes d'exercer son pouvoir (figure 8.3).

Elles ne sont en soi ni bonnes, ni mauvaises. Généralement, notre système de croyances personnelles nous pousse à préférer la seconde à la première sur le plan des idées tout en usant de la première en pratique.

Fig. 8.3 : **Les deux aspects du processus d'influence**

Négocier revient à mettre en place une relation d'influence réciproque et connue des deux partenaires.

Manipuler équivaut à exercer une influence unilatérale avec l'état d'esprit qui nous est propre.

Dans les deux cas, il y a influence avec des résultats tangibles.

5) DE QUOI PARLONS-NOUS : AUTORITE, INFLUENCE ET POUVOIRS

Nous avons, tout au long de cet ouvrage, fait figurer en tête de chapitre le mot pouvoir. Il est intéressant de confronter la signification de ce terme à ceux d'autorité et d'influence.

Nous avons coutume d'assimiler l'autorité au statut et à la position occupée dans un système social et donc à la possibilité d'exercer un contrôle sur autrui.

Autorité vient du latin « auctoritas », de la même racine que « auteur » et « faire croître » (auctor = auteur et augere = faire croître).

Il est donc possible de donner deux sens à la notion d'autorité :

– un sens négatif qui consiste à s'imposer et à imposer sa loi à l'autre en usant de son statut,

– un sens positif qui vise à être auteur de son propre développement et de permettre aux autres d'être auteur de leur développement personnel et professionnel.

L'influence signifie exercer une action consciente ou inconsciente sur quelqu'un. Avoir de l'influence ne fait donc pas référence à une quelconque position hiérarchique.

Enfin, le mot pouvoir vient du latin populaire « potere », c'est-à-dire « être capable de » et du latin classique « posse », signifiant « avoir la force de ».

Il n'existe donc pas de personnes avec ou sans pouvoir mais des personnes qui connaissent leurs possibilités, savent les utiliser et les développer. Il est donc nécessaire d'envisager la notion de pouvoir au pluriel.

6) LES REPRESENTATIONS OPPOSEES DE NOS POUVOIRS

Nous avons quelquefois une représentation monolithique du pouvoir : on possède ou on ne possède pas de pouvoir.

Généralement ce type de représentation s'accompagne de la distinction entre pouvoir de décision et pouvoir de proposition, seul le premier comptant aux yeux de l'intéressé.

A l'opposé, il existe une représentation plus relative et nuancée du pouvoir. D'une part, celui-ci se conjugue au pluriel : on n'a pas *du* pouvoir mais *des* pouvoirs. D'autre part, les pouvoirs s'exercent par rapport à des buts ou projets collectifs et se définissent comme des jeux à somme non nulle (chercher à être gagnant/gagnant).

Le tableau 8.4 regroupe les caractéristiques relatives à chacune des visions du pouvoir. La première est empreinte d'irréalisme ; la seconde fait preuve de pragmatisme.

MECONNAISSANCES	REALISME
Le pouvoir est unique, indivisible.	Il existe différentes sources de pouvoir.
Le pouvoir est centralisé.	Les pouvoirs sont répartis entre les personnes au sein de l'organisation (chacun a du pouvoir).
Il s'exerce de haut en bas.	Les pouvoirs s'exercent dans le cadre de projet commun (jeu à somme non nulle).
Le pouvoir se prend ou s'impose (jeu à somme nulle).	Ce sont les situations et les relations qui définissent mes rôles et mes pouvoirs.
Le pouvoir s'exerce à titre individuel.	Mon pouvoir est autant celui que je me reconnaîs que celui qui m'est reconnu par les autres.

Fig. 8.4 : **Les représentations opposées de ses pouvoirs.**

Les pouvoirs que j'exerce sont attachés à différentes sources que nous allons examiner à présent.

7) LES SOURCES DU POUVOIR

Nous avons recensé six sources de pouvoir distinctes. Chacune d'entre elles existe dans la mesure où l'autre la reconnaît ou l'accepte.

a) *Le pouvoir statutaire*

C'est de loin le plus connu. La représentation du pouvoir est étroitement associée à cette source. Le pouvoir statutaire s'exprime, d'une part à travers les récompenses, d'autre part à travers les possibilités de sanction.

Nous entendons par « récompense » aussi bien l'obtention d'une augmentation, une promotion, que les compliments adressés directement aux collaborateurs. Les récompenses matérielles comme psychologiques ont un impact autant par leur signification que par la façon dont elles sont signifiées à l'autre.

Cette forme de pouvoir dépend en pratique d'un certain nombre de paramètres :

– la conviction et l'authenticité avec laquelle les récompenses sont atribuées ; ainsi, l'annonce d'une promotion qui s'effectuerait sans entretien aboutirait certainement à l'effet inverse de celui recherché !

– la fréquence avec laquelle elles sont effectuées ; des récompenses et des sanctions distillées avec parcimonie engendrent deux types de réactions chez les collaborateurs :

- « il faut vraiment qu'il ne puisse pas faire autrement ! »
- « ça cache quelque chose. »

– l'image de marque plus ou moins positive du manager et le niveau d'estime de son collaborateurpar rapport à lui.

b) *Le pouvoir normatif*

Cette forme de pouvoir est liée à la dimension et la mise en place de règles de fonctionnement. Celui qui crée la loi est le maître mais...

Ainsi, le responsable d'un service informatique qui introduit une convention de service pour les utilisateurs dispose d'un pouvoir réel par rapport aux chefs de service (ses interlocuteurs). Ceux-ci devront en effet respecter la façon de procéder prévue dans le document s'ils veulent bénéficier des prestations du service informatique.

Ce pouvoir a des limites dans la mesure où si les utilisateurs jugent la procédure trop lourde ou compliquée ils risquent de la contourner, de l'interpréter ou plus simplement de ne pas la respecter, ce qui se retournerait contre son auteur !

c) *Le pouvoir de référence*

C'est la forme de pouvoir la plus informelle. En ce sens, elle s'oppose au pouvoir statutaire. La légitimité de ce pouvoir tient aux seules qualités de l'individu ou à sa personnalité.

Le charisme personnel, la forme de persuasion, la capacité à jouer un rôle d'aide et de conseil, une bonne écoute représentent des exemples de ces qualités.

Il n'est jamais acquis définitivement car il repose sur le niveau de confiance entre individus.

d) *Le pouvoir de compétence*

Il traduit la maîtrise d'un ensemble de savoirs et de savoir-faire. Le fait d'être seul à posséder une expertise vous rend ainsi indispensable et vous confère un réel pouvoir.

Le pouvoir de compétence dépend pour beaucoup des types de métiers et de leur évolution.

Si, il y a dix ans, il était difficile de trouver des informaticiens, et ce à tous les niveaux, la tendance s'inverse progressivement avec l'arrivée de nouvelles promotions sur le marché du travail. Cette forme d'expertise devient moins rare et ces professionnels perdent un peu de leur prestige.

Le pouvoir de compétence est à rattacher également aux besoins des entreprises : la dernière décennie a été marquée par l'emprise des financiers. La période actuelle fait la part belle aux commerciaux de talent en raison de la lutte farouche pour conquérir des marchés.

e) *Le pouvoir du stratège*

Il correspond à la capacité de tenir compte des autres, des enjeux, des contraintes et des rapports de force inhérents aux situations de négociation.

Le pouvoir du stratège implique d'adopter une attitude de recul par rapport aux événements de l'organisation.

f) *Le pouvoir de l'acteur tangentiel*

Nous sommes en présence d'une personne qui se situe à la frontière de deux univers, ce qui regroupe deux cas de figure.

Dans le premier cas, la personne se trouve à mi-chemin entre deux services ou deux fonctions : le commercial et le technique par exemple. Le recul dont elle dispose lui donne des atouts importants, tout particulièrement dans les périodes de changement ou de transition.

Dans le second cas, la personne se situe à la frontière entre l'univers interne (celui de l'entreprise) et l'univers externe (celui de l'environnement immédiat, constitué des clients, des fournisseurs...). Les responsables des achats ou les commerciaux illustrent ce cas de figure.

Leur position tangentielle leur confère l'avantage de pouvoir observer et répercuter les évolutions tant à l'extérieur qu'à l'intérieur de l'organisation. Ils contrôlent généralement des informations vitales pour le développement de l'entreprise.

8) VERS UNE NOUVELLE DEFINITION DU MANAGER

Nous avions provisoirement conclu, à la fin de la première partie, que le manager a pour objectif de développer l'expertise et la compétence chez ses collaborateurs.

Sous cet angle, l'autonomie représente certainement l'un des meilleurs critères qui soit.

Il nous faut à présent resituer cette première définition dans les relations qu'entretient une unité de travail (service, atelier, équipe de production) avec son environnement immédiat et par rapport aux relations de pouvoir à l'intérieur de l'unité de travail.

Nous nous inspirerons pour cela du schéma de la double frontière défini par l'analyse transactionnelle et en particulier par Eric BERNE [(4)].

Toute unité de travail (c'est-à-dire un groupe de personnes ayant des objectifs et/ou des valeurs en commun) peut être représentée à l'aide du schéma 8.5.

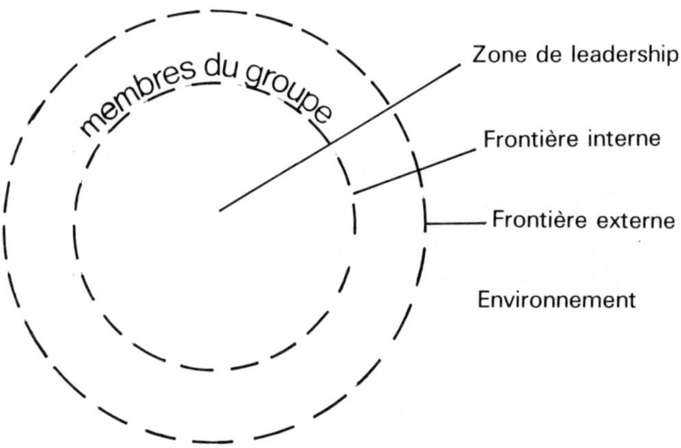

Fig. 8.5 : **Unité de travail et double frontière**

La zone de leadership est définie par une loi (quelles qu'en soient l'origine et la nature).

La frontière dite « interne » sépare les membres appartenant à la zone de leadership des autres membres du groupe.

Il existe également une frontière externe qui sépare les membres du groupe des personnes extérieures. Celles-ci se distinguent des précédentes par le fait qu'elles poursuivent des objectifs distincts, disposent d'un langage différent ou ont une histoire distincte.

(4) : Alain Cardon a développé ce schéma dans l'ouvrage. *Le Manager et son équipe,* les Editions d'organisation, Paris, 1986.

Par rapport à cette représentation, le manager a pour rôle de créer des *frontières perméables* pour remplir les *fonctions d'intégration* et *d'adaptation.*

– La zone de leadership ne constitue pas un no man's land ou un territoire protégé ou interdit.

Il doit donc chercher à y intégrer, selon les problèmes posés, les personnes qu'il juge compétentes. Cela ne signifie pas que le manager renonce à son pouvoir statutaire mais plutôt qu'il l'exerce en y associant certains de ses collaborateurs.

La zone de leadership est d'autant plus efficace qu'elle est le siège de processus d'influence réciproque.

– En second lieu, il assure parallèlement une fonction d'adaptation par rapport à l'extérieur. L'unité de travail ne peut fonctionner en système fermé sous peine de ne plus être considérée par son environnement.

Il s'agit donc pour le manager de prêter attention aux aspects suivants :

• doser la nature des relations avec l'extérieur : plus ou moins de compétition ou de coopération selon les situations ;

• éviter de se replier sur soi et de produire de l'auto-activité (celle-ci encore appelée syndrôme de parkinson consiste à générer un niveau d'activité détaché de tout objectif identifiable) ;

• éviter de perdre l'identité du groupe en le noyant dans un ensemble plus vaste.

Le travail du manager est celui d'un équilibriste, tant par rapport à l'intérieur que par rapport à l'extérieur du système.

Pendant très longtemps, on a défini le manager (ou le leader) par ses qualités individuelles ou par rapport à son rôle de contrôleur des procédures. Le manager est à notre sens davantage celui qui remplit efficacement ses fonctions d'intégration et d'adaptation.

CONCLUSION

Nous espérons que cet ouvrage aura pu contribuer à vous éclairer sur vos pouvoirs actuels de façon réaliste et positive.

Notre conclusion s'adresse à tous les managers mais plus particulièrement aux agents de maîtrise qui se trouvent placés en première ligne et qui le vivent souvent difficilement.

La représentation de l'agent de maîtrise prisonnier de sa ligne hiérarchique et non démarqué de sa base, intellectuellement ou affectivement, perdure alors que les conditions économiques et le mode de fonctionnement des entreprises tendent à évoluer rapidement.

Les méconnaissances vous donnent une représentation fausse de vos pouvoirs. La carte devient le territoire. Elles créent en vous des états de limitation.

Les méconnaissances viennent renforcer les comportements issus de la division du travail (il y a ceux qui « pensent et ceux qui vissent »).

Elles vous conditionnent à décider à priori et en fonction de vos croyances si vous avez du pouvoir ou non. La réalité des entreprises est infiniment plus riche et subtile.

Les formes de pouvoir sont multiples. Les rôles que vous êtes amenés à jouer changent en permanence. L'entreprise a besoin de toutes ses ressources humaines pour réussir.

Reste à vous, manager, à identifier vos possibilités d'action, à oser être acteur sans sentiment de toute-puissance, ni crainte excessive.

BIBILIOGRAPHIE

– J.M. GUIOT : *Organisations sociales et comportements,* Editions Agence d'Arc Inc., Montréal, Editions Hommes et Techniques, Paris, 1980.
– Erving GOFFMAN : *La mise en scène de la vie quotidienne*
1 – la présentation de soi, Les Editions de Minuit, Paris, 1973.
– Alain CARDON : *Le manager et son équipe,* Les Editions d'Organisation, Paris, 1986.
– Charles MACCIO : *Autorité, pouvoir, responsabilités,* chronique sociale, 1980.
– Roland REITTER et Bernard RAMANANTSOA : *Stratégie et management,* McGraw-Hill, Paris, 1985.
– Jean-Louis MULLER : *Le pouvoir dans les relations quotidiennes,* Editions Hommes et Techniques, Paris, 1986.

ANNEXE

L'analyse transactionnelle distingue différents degrés dans les méconnaissances. Le tableau qui suit regroupe toutes les formes d'irréalisme et indique les étapes à respecter pour passer d'une forme à l'autre.

MODALITES \ TYPES	SIGNES	PROBLEMES	OPTIONS
EXISTENCE	Existence des signes 1	Existence du problème 22	Existence des options 33
SIGNIFICATION	Signification des signes 21	Signification du problème 32	Signification des options 43
POSSIBILITE DE CHANGER	Possibilités de changer ou supprimer 31	Possibilité de résoudre le problème 42	Fiabilité des options 52
APTITUDES PERSONNELLES	Aptitude personnelle à réagir autrement 41	Aptitude personnelle à résoudre le problème 51	Aptitude personnelle à mettre en œuvre des options 6

Grille des méconnaissances – source de blocage

Il existe une grille simplifiée qui comprend quatre niveaux :

– méconnaissance concernant l'existence du phénomène,
– méconnaissance concernant la signification du phénomène,
– méconnaissance concernant la possibilité de changement du phénomène,
– méconnaissance concernant les aptitudes personnelles vis-à-vis du phénomène.

La grille retenue dans l'ouvrage comporte sept niveaux et se situe donc entre la grille complète et la grille simplifiée.

Par rapport au degré de méconnaissance, il existe une liste type de questions qui permet d'appréhender son niveau d'irréalisme.

1ère série :

1. Existe-t-il des *signes* d'un problème ?

2e série :

2. Que signifient pour moi ces signes ? Sont-ils signes d'un problème ?

3. Quel est le problème exact et comment je peux le définir et préciser ?

3e série :

4. Quelles sont les possibilités de changer, diminuer ou supprimer les signes ?

5. Que signifie pour moi le problème en ce moment ?

6. En fonction du problème et de ce qu'il signifie pour moi, quelles sont les options d'actions différentes ?

4e série :

7. Quelles sont les aptitudes personnelles dont je dispose pour m'y prendre autrement ? Réagir autrement ? Me comporter autrement ? Qu'est-ce que je me sens capable de faire ?

8. Est-il possible de résoudre le problème ? Existe-t-il les conditions suffisantes de chance de réussite ?

9. Qu'est-ce que signifient pour moi les options possibles ?

5e série :

10. Quelles sont les aptitudes que je possède réellement pour résoudre le problème ?

11. Quelle est la fiabilité des options ?

6e série :

12. Quelle est mon aptitude personnelle à mettre en œuvre des options ?

Achevé d'imprimer sur les presses
de l'imprimerie S.P.P.I.
février 1988
N° d'éditeur : 819
N° d'imprimeur : 8020
Dépôt légal : 1er trimestre 1988

Imprimé en France